李广田

『地之子』李广田

教育薪火书系·第一辑

张维◎著

山西出版传媒集团
山西人民出版社

图书在版编目（CIP）数据

“地之子”李广田 / 张维著.—太原：山西人民出版社，2020.5
（“教育薪火”书系 / 张斌贤主编）
ISBN 978-7-203-11375-1

Ⅰ. ①地… Ⅱ. ①张… Ⅲ. ①李广田（1906–1968）—人物研究 Ⅳ. ①K825. 6

中国版本图书馆 CIP 数据核字（2020）第 053356 号

“地之子”李广田
DIZHIZI LIGUANGTIAN

著　　者：张　维
责任编辑：尹效军
复　　审：贾　娟
终　　审：梁晋华
装帧设计：李尚斌　张国仁

出 版 者：**山西出版传媒集团·山西人民出版社**
地　　址：太原市建设南路 21 号
邮　　编：030012
发行营销：0351-4922220　4955996　4956039　4922127（传真）
天猫官网：https://sxrmcbs.tmall.com　电话：0351-4922159
E - mail：sxskcb@163.com　发行部
sxskcb@126.com　总编室
网　　址：www.sxskcb.com

经 销 者：**山西出版传媒集团·山西人民出版社**
承 印 厂：山西出版传媒集团·山西人民印刷有限责任公司

开　　本：787mm × 1092mm　1/16
印　　张：13.5
字　　数：200 千字
印　　数：1—3000 册
版　　次：2020 年 5 月　第 1 版
印　　次：2020 年 5 月　第 1 次印刷
书　　号：ISBN 978-7-203-11375-1
定　　价：62.00 元

教育薪火　传承不息（总序）

钟秉林

在人类的历史长河中，教育一直伴随人类的文明进程在不断发展进步，那些弥足珍贵的教育著作、教育思想、教育人物和事迹，无时无刻不在拨动着教育工作者的心弦。我们永远无法忘记那些给我们留下宝贵思想财富的教育家，他们的思想、言论和实践，依然是激励我们教育工作者前进的动力。时至今日，教育的发展与变革更成为世界各国应对日趋激烈的国际竞争的重要战略。在科教兴国战略的指导下，党和国家对教育工作给予了高度的重视，深刻认识到教育家对教育事业的重要性。《国家中长期教育改革和发展规划纲要（2010—2020年）》就明确提出："创造有利条件，鼓励教师和校长在实践中大胆探索，创新教育模式和教育方法，形成教学特色和办学风格，造就一批教育家，倡导教育家办学。"

要想成长为教育家或者在教育实践中能够起到扛鼎作用并非易事，需要我们教育工作者吸收过往教育家留下来的丰富教育营养，清晰地认识什么是真正的教育家，教育家应该具备什么样的素质和条件，做到融会贯通，大胆实践，自成一家。与此同时，在教育改革的大背景下，普通教师同样迫切需要能够在教书育人过程中得到启迪和突破的催化剂，教育家的思想和实践是经过检验的真理，是教学启迪催化剂的最佳选择。

然而，在浩瀚的书海中，以教育家为主线、囊括中外、跨越古今、自成体系的书系并没有面世。山西的《新课程》杂志社和《现代职业教育》杂志社，在教育的广袤园地上深耕多年，熟知一线教师的需求，希望为普通教师策划一套教育理论普及读物，以使广大中小学教师能够“近距离”地接触中外历代教育家的教育思想、实践经验和办学理念，促进教育理论水平的提高，从而更好地开展教育教学实践。书系的策划人与张斌贤教授为理事长的中国教育学会教育史分会的夙愿不谋而合，合作编写一套大规模的、以教育家为主线的书系的想法随之形成。

策划团队把书系命名为“教育薪火”，是希望教育家的教育思想能够薪火相传，不断推动人类文明的发展。“教育薪火”书系拟分为三辑出版，按照中国古代、中国近现代、外国古代和外国近现代分类。第一辑共选择了一百余位中外教育家，一位教育家一本书，规模宏大，应该说能够在中国教育出版史上留下浓墨重彩的一笔。所选教育家都是经过书系编委会认真研究、充分论证而定的，他们在教育史上有较大的影响，能够启迪或者感染教育工作者，推进教育和教学的发展。当然，其中有的教育家更为名声在外的不是在教育上，但是他们在教育上的贡献毫不逊色于其他方面的贡献，比如我们熟知的一些革命家；另外，还包括了一些具有地方特色的教育家以及还没有被人们真正认识的教育家。

必须提及的是，中国教育学会教育史分会非常荣幸地邀请到我国著名的教育学者顾明远教授、叶澜教授、史宁中教授、宋乃庆教授、田正平教授、裴娣娜教授和朱小蔓教授等担任书系的顾问，成立了由40多位教育学界具有重要影响的学者组成的编委会，为书系的质量保驾护航。

还需提及的是，《新课程》杂志社和《现代职业教育》杂志社为物色学有专长的作者付出了巨大的辛劳。书系的作者地域和院校分布广泛，既有北京师范大学、华东师范大学、东北师范大学、华中师范大学、陕西师范大学、南京师范大学、首都师范大学等师范院校的学者，也包括武汉大学、四川大学、南京大学、南开大学、天津大学、河北大学、河南大学等综合大学的学者。作者以教育史专业的中青年教师为主力军，他们朝气蓬勃、时代感强，研究范围涉猎较广，能大胆地探索和怀疑，一些新的教育研究成果不断涌现，为书系注入了难得的新鲜气息；他们与一线中青年教师同处一个频道，其思维模式很容易被接受。

客观而言，现在每年出版的教育类图书很多很多。一类为实践性强和操作性强的教学类图书，教师拿来就可以在课堂上使用；另一类为理论性强和学术性强的图书，印数少，流通范围小，普通教师往往望而却步。然而，教育理论只有指导教育实践才有存在的价值。在我看来，书系最具特色的价值就是秉承了教育理论通俗化这一理念，在教育理论研究者和普通教师之间架起了一道桥梁。书系以教育家为主线，坚持学术性与普及性并重，用通俗化的语言，或阐述教育家的教育思想精华，或叙写教育家的精彩教育事迹和教育实践，力图“润物细无声”，让教师喜欢读，在读中提高素养，深刻理解教育家，形成自己的理论，推进“教育家办学”。

当然，书系在真实性上也颇下功夫。以史料为依据，实事求是叙述，客观全面评价，不有意拔高教育家的贡献，注重教育家闪光点的挖掘和传播，是教育家历史画卷现代版的呈现。书系成规模、系统化，学术性和可读性强，具有较强的收藏价值，非常适合各中小学图书室和大学图书馆选择配置。

中国教育学会教育史分会为教育事业做了一件好事，张斌贤理事长请我作序，我觉得理应支持，欣然应允。

希望广大教育工作者能够认真阅读这套图书，为自己的教育职业生涯发展打下坚实基础，为成长为新时期的教育家而不懈努力。

丁酉年正月于北京

（作者系中国教育学会会长、北京师范大学原校长）

李广田简介

李广田，山东邹平人，教育家、文艺评论家、散文家、诗人。1906年10月1日生于山东省齐东县（后并入邹平县）一个半耕半读人家，原名王锡爵，未满周岁时过继给贫苦的舅父李汉云，改名李广田，在穷困中度过了苦难的童年，读过私塾和初级小学。1921年考入齐东县立师范讲习所，未及毕业，便因成绩优秀被县立高等小学聘为教员。1923年考入山东省立第一师范学校，开始接触五四以来新思潮、新文学。1926年加入共产主义青年团，与同学组织书报介绍社，介绍鲁迅、郭沫若的书籍及苏俄作品。

1928年因邮购《文学与革命》一书被军阀张宗昌的部下查获而逮捕入狱，判为死刑。一个月后，北伐军打到济南，得以获释，出狱后短期担任过两所小学的教员。1929年秋，考入北京大学文科预科，发表处女作《狱前》，从此走上文学道路。

1931年升入北大本科英文系。求学期间，与本系同学卞之琳和哲学系同学何其芳"以诗会友"，成为终身挚友。三人的诗作合集《汉园集》于1936年3月出版，被文坛称为"汉园三诗人"。1935年夏，大学毕业，回到济南执教于山东省立第一中学，次年出版了两部散文集：《画廊集》和《银狐集》。

抗日战争爆发后，与省立一中的几百名师生迁至泰安继续上课，几个月后开始了长达两年的流亡南下的教学生活，经河南，入湖北，进四川，边上课边宣传抗战，沿途目睹了抗日救亡运动的高涨，接触了一些共产党员，思想有很大进步。

1940年，因在学生中传播进步思想、讲授苏俄作品和鲁迅作品被解聘。后经卞之琳介绍进入位于四川南部的西南联大叙永分校任教。一年后，叙永分校撤销，迁回昆明西南联大本部任教于联大教育学院国文系，以马列主义观点讲授文艺理论，与闻一多、朱自清关系密切。先后出版散文集《西行记》《回声》《欢喜团》《灌木集》，诗论集《诗的艺术》等。1944 年 5 月，被选为中华全国文艺界抗敌协会昆明分会理事。

1945 年昆明发生“一二·一”惨案时，毅然投入民主革命运动的洪流中，参与路祭等悼念活动，写下了揭露和讽刺国民党法西斯暴行的诗文。1946 年 7 月“李闻惨案”后，在黑暗中更加警醒感奋起来，确定了更大的信念。8 月中旬携家眷北上，到天津南开大学任教，在“反饥饿、反内战”运动中，站在进步学生一边，慰问被特务打伤的学生，发表斥责国民党法西斯暴行的演说，著文抨击黑暗腐败的反动势力，受到国民党反动当局的通缉。

经朱自清邀请，于 1947 年秋转至清华大学中文系任教。1948 年，加入了中国共产党。并出版了揭露日本帝国主义侵略者残暴罪行的长篇小说《引力》。

1948 年担任清华大学中文系主任，继而被选为校务委员，团结教职员工，为迎接北京解放，做了卓有成效的工作。1949 年 7 月，出席全国第一次文代会，当选为大会主席团成员、全国文联委员、文协理事。

新中国成立前后的几年中，相继出版了文学论著《文学枝叶》《文艺书简》《论文学教育》等。1950 年，先后出席第一次全国高等教育工作会议和北京市文艺工作者代表大会。11 月起担任清华大学副教务长，分管留学生工作和文科教学、科研工作。1952 年全国高等学校院系调整，被任命为云南大学副校长，并兼任云南省作家协会副主席、中国科学院云南分院文学研究所所长等职。1956 年，当选中国共产党第八次全国代表大会候补代表，列席党的“八大”。1957 年升任云南大学校长，在 1959 年“反右倾斗争”中，因对大跃进和教育革命中的一些问题仗义执言，被错定为“右倾机会主义分子”，予以降职处分，由校长降为副校长，撤销党委常委，保留党委委员职务。

1962 年，“右倾机会主义分子”的问题得到平反，恢复学校党委常委职务。4

月，发表脍炙人口的名篇《花潮》等散文；此外，还致力于少数民族文学的研究，重新整理出版了彝族支系撒尼人的长篇叙事诗《阿诗玛》，整理出版了傣族民间叙事诗《线秀》《一滴蜜》等作品，并应邀担任我国第一部宽银幕电影《阿诗玛》的文学顾问。

于1968年11月2日含冤去世。1978年8月28日，云南大学为李广田隆重举行平反昭雪暨骨灰安放仪式。1982年5月20日，中共中央组织部正式通知李广田家属，将李广田骨灰送往北京八宝山革命公墓安放。

目　录

第一章

“地之子”的求学路

第一节　陶诗的影响

奔腾不息的黄河，是中华民族的摇篮。几千年来，黄河用她的乳汁，哺育了中华民族多少优秀的子孙！多少杰出的教育家、军事家、政治家、文学家出现在黄河流域的广袤土地上！

在要汇入大海之前，黄河最后流经的一个省份是山东。黄河从山东北部横贯而过，以她的伟力造成了一大片无垠的鲁西北冲积平原之后，才经过入海口，浩浩荡荡地注入渤海之中。

齐鲁之地，自古人才济济，名家辈出。仅就文学方面而言，继孔子、墨子、孟子之后，西汉辞赋家东方朔，建安七子中的孔融、王粲、刘桢、徐干，西晋的左思，刘宋的鲍照，齐梁的刘勰，唐代田园诗人储光羲，北宋诗人王禹偁、晁补之，词人李清照，南宋词人辛弃疾，元代散曲作家张养浩，明代杂剧作家冯惟敏、诗人李攀龙，清朝作家蒲松龄、戏曲家孔尚任、诗人王士桢等，都在中国文学史上占有重要地位。无怪乎杜工部有诗云：“海右此亭古，济南名士多。”的确，齐鲁之地的悠久文化传统正如黄河一样源远流长！

公元 20 世纪的初叶，黄河目睹了发生在中国大地上的一系列“新”与“旧”搏斗较量的重大事件——

以康有为、梁启超为主要代表的资产阶级改良派发动的变法维新运动，兴起，失败……

孙中山先生领导的资产阶级民主革命，开始，继续……

山东的历史也揭开了新的一页。各地的反封建斗争此伏彼起：曹、单地区人民的抗捐斗争；即墨人民的抗税斗争；义和团首领朱红灯领导的平原起义；义和团的运动从秘密到公开，继而又被反动势力残酷镇压……

1905 年同盟会在日本成立后，山东的 53 名留日学生加入同盟会，尔后返回山东发展革命组织，创办公学，宣传革命思想，对各县独立起了很大作用。同盟会还在新军中发展革命组织。在革命思潮的影响下，官立学堂的学生也开始反对腐败的教育制度。

齐鲁大地上，一片山雨欲来之势……

就在这风雨飘零、新旧更替的岁月里，公元 1906 年的 10 月 1 日，当雄鸡引颈高啼、东方欲晓之际，在山东省黄河南面的济南府属齐东县码头乡小杨庄，一个小生命呱呱坠地了。

这个小男孩降生在并不殷富却尚能自给自足的一个半耕半读的王姓农家里，上面三个哥哥：锡公、锡侯、锡伯，他是老四，取名锡爵。父亲王者经（字稚泉）是乡村中的文化人，还文绉绉地用宋人吴文英《风入松》词中“西园日日扫林亭，依旧赏新晴”的意思，给锡爵取了个小名“西园子”。

可是，西园子在快满周岁的时候，按照当地允许的风俗，过继给了他那中年无子的舅父。舅父叫李汉云，是一位勤苦朴厚的农民。于是，西园子改姓了李，并改名为广田，成了李家的儿子。

过继是过继了，然而，西园子与生父家并不见疏。在稍大一点的时候，西园子便常常往返于两家之间。舅父家所在的草庙头村与小杨庄仅隔四五里地，西园子在舅父家住一段时光，又到生父家住上一些天。他还调皮而亲热地说生父是他的“王爸爸”，舅父是他的“李爸爸”。

小杨庄和草庙头村离济南城约 180 里。济南城的北面，有一条小清河绕城缓缓流过，向东而去，注入渤海之中。黄河与小清河之间是一大片白沙壤的平原土地，为鲁西北冲积平原的一部。就是在这块“湿软软的”，长着“绿绒绒的田禾、野草”的白沙壤地上，西园子度过了他难忘的童年。

李广田热爱大自然，其天性在生父“王爸爸”那里得到了激发与助长。并且，整个说来，王爸爸的气质、性格以及他各方面有意无意地表现出来的言传身教，都陶冶了李广田的气质和性格，给李广田的成长带来了相当大的影响。

王爸爸是一个很和善的人。他爱诗，爱花，更爱酒。常常是一边喝着酒，一边念古诗，特别爱念的是陶渊明的诗。

王爸爸身材颀长，眉目清秀，性情温厚。早些年在科举上失败之后，时间不长，就赶上了废科举兴学堂。他曾经跑到关外取得了教学堂的资格，在那边做过教书一类的事情。后来，却又终因还乡心切，不久就回到老家来。这时各处正在试行地方自治，30 来岁的王爸爸是被人们称为有学识、有德行的人，又经过了一番考试之后，被分派到地方警察长的这个职务上，担负督察管理地方治安的责任。但是，由于那个时候的朝令夕改，王爸爸在职的时间也不长。“解甲归田”之后，他住在自己那个“花园”里——一个长了不少青菜和野草的“花园”，在一种寂寞宁静的田园气氛中，也还自娱自乐，悠然自得。可是，过了一段平安的日子以后，王爸爸也永久处在颠簸的运途之中了。

王爸爸的家是乡村中那种所谓半耕半读人家，有着 20 几亩农田。可是，每年被春风吹成“沙漠”的已占去一小半，又因王爸爸喜欢园艺，种瓜果桑麻又用去几亩。这样一来，像那么一个十口之家，也仅仅足衣足食罢了。王爸爸自己，也是时常到田间干活。

王爸爸在形式上与他母亲及两个弟弟为分居，而实际上却是一人负了两个家庭的重担。他自己的四个儿子中，除把最小的西园子(李广田)送给了孩子的舅父外，其余三个都在本地受过中学教育，不过都没有能按他所希望的那样继续求学下去。大儿子照当地老大务农治家的习俗，在家务农。老二、老三读书时候适逢兵荒马乱的年代，兵匪不分。老三在学校里遭了一次匪难，于是，这便成了老二、老三辍学的原因。结果是兄弟俩都被送进商店做了学徒:老二在县城,老三在省城济南。自此后,这个家庭的多难之秋开始了。三个儿子虽都先后娶妻生子,可是,不幸得很,三个媳妇又都相继病亡。于是,只好把聘媒迎亲等种种麻烦事情都重新做过一次。打这以后,先前仅仅可以足衣食的这个家庭,便开始显出拮据样子来了。身为一家之长的王爸爸,常常于无人之时发出叹息。再加上赋税繁重,年景荒歉,日子更过得难以令人满意了。这时,王爸爸却故意在大门上写“太平老农”四个大字,实际上是慨叹欲为太平老农而不可复得了。

王爸爸酷爱陶渊明。在烦琐的家庭生活中,王爸爸的最大安慰,恐怕就是一部陶诗和一只酒杯了。他常说:“世人皆知道一个隐逸的陶潜,却很少在隐逸中看到他的愤世。只知道靖节先生是天生一个诗人气质,又有好涵养,故能有那么一种恬淡风度,能说出那样大方言语。人说现今是出草莽英雄的时候,我则以为这时候也应有陶渊明其人。”王爸爸爱陶渊明爱得那么深,为人处世都学陶渊明。他极健谈,爱谈前人掌故,疾论世俗,以一切冷嘲态度对待一切。他在凡俗中自寻趣味,在忧郁中自寻欢乐。

西园子和王爸爸虽然不是朝夕相处,可是受王爸爸的影响却很大。西园子后来这样追忆道:“我还记得自己正在中学读书时,从省城回到家乡,到家的次日,第一个要去拜访的就是稚泉先生。先生不把我当作孩子看待,却和我像朋友一样攀谈,这时候先生的喜悦是使人感到非常可亲的。”在西园子看来,王爸爸是“在家乡中”“最爱护我且最能相知的一人”,并且,在鼓舞他上进这一点上,王爸爸也“是唯一的人”。

王爸爸在西园子的脑海里留下的印象是多么深啊!西园子后来读大学时写的一篇散文《父与羊》便真实地记下了这童年印象中的一幕:

那是一个夏日的午后,这位在寂寞幽静里,在独往独来里自娱自乐的王爸爸又喝醉了。歪歪斜斜地走出了花园,一手拿着本陶渊明诗集,另一只手拖了个长烟斗,嘴里不知说着些什么,走向旷野去。

这时恰好被西园子瞧见，赶忙跑回家告诉母亲，母亲即命他去跟着躲在一边，瞧着王爸爸要干些什么。他就在青草丛中悄悄地潜行，找到离村子不远的王爸爸最喜欢去的一棵大柳树边。王爸爸果然坐到了那树荫下的细白沙地上，还脱了鞋，又点着长烟斗，悠然地在喷云吐雾。书在手里乱翻了一阵，又放下，继而又拿起来用听不清的声音在喁喁地念着。一会儿又放下书，拿长烟斗在细沙上画呀画的。写了半天，又用两只大脚板把字全抹净了。坐了一会儿，就又带着不耐烦的神情走回花园去。西园子也绕道进屋去向母亲复命。

这下糟了！王爸爸出去时，园门没有闭起，邻家的一只小羊游荡了进来，此时恰被王爸爸撞见，便取下篱笆上的一根棍子扑击起来。只听见一阵小羊的哀叫声，待众人闻声赶到时，“花园里已经弄得天翻地覆，篱笆倒了，芸豆花洒了满地，荷花撕得粉碎，几条红鱼在污地里摆尾，真个落红遍地，青翠缤纷，花呀、菜呀，都踏成一片绿锦。陶渊明诗集，长的烟斗，都睡在道旁。在墙角落里，躺着一只被打死了的小羊”。而王爸爸也许是十分疲乏，已经躲到屋里去休息。

第二天早晨，王爸爸完全清醒了，对于昨天的事非常抱愧，很想去看看那只被打死的小羊，但小羊昨夜已被那位邻人埋葬。王爸爸长叹着气说：“我要赔偿那位邻人的损失。”那位邻人不肯接受赔偿，但王爸爸仍坚持赔偿了。然后他又自己动手整理花园，还不要别人帮助，就好像没有发生过什么事一样的坦然。“多少平和的日子或霖雨的日子过了，父亲的花园又灿烂如初。”

西园子虽然已被送给了舅父，可是与王爸爸的感情却始终极其深厚。当后来西园子考上大学以后，王爸爸“别无所求，只想从这个已经送给了别人的儿子手上得些帮助，可以遍历天下山川，最后，则想买尽天下奇书，在自己家乡建一座读书藏书的楼阁，而且早已给那理想中的楼阁起了名字：‘五车楼’”。而西园子也始终怀着这样一个心愿。待做事之后，要盖一座能装五车天下奇书的“五车楼”送给王爸爸，以了王爸爸的夙愿。并且，“五车楼”四周还要有花园，园门上就写上“西园”二字。——王爸爸与西园子之间那种生父亲子的深厚感情由此可见一斑了。

在喜爱陶渊明方面，王爸爸给了西园子深刻的影响。耳濡目染，西园子从王爸爸那里受到了熏陶，加之气质的切近，还读高小的西园子，就对古典文学产生了兴趣，尤其喜欢陶渊明。越往后，西园子越是显出了对陶渊明的浓厚兴趣。他既喜欢陶潜“不为五斗米折腰”的为人和“采菊东篱下，悠然见南山”的田园情趣，也喜欢陶诗陶文那种“一语天然万古新，豪华落尽见真淳”的清淡自然的风格，更喜欢陶渊明的真朴。陶渊明一生都要做一个正直的人，西园子也一生都在做一个正直的人。这一点对西园子后来作品的朴素自然的风格特色的形成有着直接的关系。可以说，西园子在以后的创作中是一直都在步这位“以真朴自立于门户”的“平淡之宗”陶渊明的后尘的。陶渊明的艺术个性直接影响了西园子后来创作个性的形成，陶诗陶文的风格特色直接影响了西园子后来诗、文作品的风格特色。在某种意义上甚至可以说，陶渊明其实是西园子后来的诗文作品精神上的近亲之一。

陶诗中，“晨兴理荒秽，带月荷锄归”“有风自南，翼彼新苗”“开荒南野际，守拙归园田”等是西园子很喜欢的诗句，《饮酒》《读山海经》《四时》等是他常爱吟诵的佳作，而特别令他喜欢的是“平畴交远风，良苗亦怀新”（《怀古田舍》）两句。这两句诗很契合西园子的心境，把他自己类似的经验、平常的感受和所追求的意境都深刻而生动地表达出来了，因而他深识其妙，深爱其意。

西园子后来的很多朋友都深知他对陶诗，尤其对“平畴交远风，良苗亦怀新”两句的喜爱，如他20世纪40年代的挚友——小说家刘澍德在他1946年随西南联大迁返天津时，就亲送一册陶诗集给他，并在扉页题诗一首相赠。这首赠诗在表达了惜别之苦绪和朋友深情后，接着道:“一帙陶集持赠君，共以诗人赠此心。远风好向平畴扇，应是良苗亦怀新。（洗岑[①]于陶诗中最喜‘平畴’‘良苗’二句）……”

刘澍德这诗不失为说明西园子一生喜爱陶诗，尤喜“平畴”“良苗”两句的一个佐证。我们只要细心留意一下，在西园子以后的作品中确实是随处可见陶渊明的风格特色对他的影响，无论是题材选择方面，抑或是表达真挚的思想感情

①洗岑是李广田的字。

方面，还是通过朴素的语言、白描的手法来自然抒写方面。

王爸爸还是一个至情人。当王爸爸的母亲病危的时候，他自己居然会偷偷地割了胳臂的肉来煎药，这种做法是难免被明达人嗤为愚孝的。又当他二儿子因商业不振而出走西北从事开垦事业，病死在外，被埋葬在那个边城外的一个山冈土丘后，王爸爸便时时巴望着把亲生骨肉能早早运回故土。他出自至情，总爱用自己的想象构造出一些凄惨情境，每当风寒露冷时节，他就向家人子弟辈哀哀说道：“你们这些人有甚用处，竟不能为我了却这件心病，试想想看，冷风冷雨，让他一个人留在千山万水之外的一座荒山小丘上……”边说着便悲从中来，酒与泪共饮，叫一家人都不知怎么办才好。

王爸爸性格的这一面，也渗进了西园子的性格之中，他也长成一个至情人，对人诚恳坦率、正直、善良。这就无怪乎当他后来读到朱自清的《背影》一类的散文时，会情发于中地一再击节称赞：“这样短的文章，为什么会给人的印象这样深？就在于至情至性，自自然然，一点不做作。”也无怪乎他自己一生所写的诗文也都总是朴朴实实、至情至性的了。

1918 年，12 岁的西园子念完了初小。

可是，李爸爸却不让他继续升高小了。李家有几个亲戚是做买卖的，李爸爸要西园子去跟着他们学做买卖，去当一个店铺的小学徒。并且，连崭新的蓝布大褂都做好了，已经逼着西园子试过了新衣，要他准备一下第二天就去上工的。

西园子死活不愿去学徒，怎么说也不答应第二天就去上工。好话坏话都说尽了，他总是哽咽着说：“俺要上学！俺要上学！”最后，李爸爸看着实在不行，也只得改变了主意，允许他继续上学。这样西园子好不容易摆脱了学做商人的命运，继续念了高小。

第二年，“五四运动”爆发，热血青年们沸腾了。北京学生运动的组织还派了一些大学生回自己的家乡去宣传鼓动民众。山东籍的学生也有一些回到山东各地进行宣传。他们用反日救亡的道理,用高度的爱国热情,打动着山东青少年学生的心。

山东问题是“五四运动”的主要诱因,所以,身在山东的青少年学生感受更加痛切。不少地方的大、中、小学生都纷纷行动起来,组织了“反日会”,打着小旗到街头去宣传,反对袁世凯卖国政府签订“二十一条”卖国条约,劝商店抵制日货,劝人们不要买日货。各行各界也纷纷响应,人们都激发了热爱祖国的崇高感情。

齐东县较为偏僻,“五四运动”掀起的波浪不如济南等地那样的高,乡村中又更比县城弱了一些,但也曾热闹过一些时候,人们的心里都受到了些感染、震动。这时正念高小的西园子也曾和同学们一道,兴奋地打着小纸旗上过街,宣传抵制日货,对于“反帝反封建”有了点朦朦胧胧的印象……

1921 年,西园子高小毕业了。李爸爸又不准他再升中学。除了家庭贫困历来就不赞成儿子读书这一原因外,此时,又增加了一条新的原因——李爸爸万万没有想到,就在这一年,妻子竟生了个儿子!自己有了亲生儿子!这是多么令李爸爸惊喜的事啊!这事也是让西园子高兴的,自己有了个弟弟李广海,可是,伴随着这高兴而来的烦恼却是,自己也“晋升”为长子了!这样一来,李爸爸又要按照当地那种长子务农治家的习俗,让西园子从此不再读书,而一心去学农,保守住几分薄田,做一个守本分,不求人,吃苦耐劳的农夫了。

其实,对于西园子来说,“农”原是本分,已无所谓学与不学,这时候的西园子早已是一个相当合格的小农夫了。凡农家活计,除体力所不能及者外,他都能做。可是,无奈此时的西园子读书的兴趣已相当浓厚,他坚决不愿就此与学堂绝了缘法。并且,他的那几位先生看他的性格和天资也很适于读书,于是,也一再帮助他向李爸爸请求,终于获准。不过,却只准到县城去读师范讲习所,而不许去省城读中学,因为“县城比省城近,师范讲习所比中学年限短,早毕业,可以做小学教员,家庭也早些得到帮助。”总之,完全是经济观点。

这样一来,西园子今后一辈子从事教育这个职业的道路,似乎就从此注定了。

县城的师范讲习所本来应当两年毕业,可是西园子才读了一年半,便被一所县立小学聘去做教员。这在李爸爸他们看来,当然是一件极大的好事,儿子早一点做事,家庭便可以早一点得到他的帮助嘛!

读师范讲习所时期,西园子颇读了一些课外的书刊,在王爸爸熏陶下培养起来的对古典文学,尤其是对陶渊明的兴趣在这里得到了发展。《儒林外史》《水浒传》《三国演义》《老残游记》《红楼梦》《聊斋志异》等作品他都爱读,唐诗宋词也常使他手不释卷。唐诗中,杜甫的《北征》《旅夜书怀》《后出塞》《春夜喜雨》和李贺的《箜篌引》《天上谣》《将进酒》等诗是他较为喜爱的。

不过,大概是由于在高小读书时受到那位国文老师的影响,在西园子当时读的课外书刊中,梁漱溟的《孔颜乐处》是他那个时候最喜欢的一种。西园子读高小时那位矮个子的国文教员叫时霁云,是一个理学家。他主张敦品励行,而不大重视破碎的知识;他推崇儒家,特别是周程张朱和王阳明诸人。他不仅自己推崇,也教导学生一言一行都学"圣人"。西园子受了他不小的影响。在这种"奇怪"教育的束缚下,在这样的"懂得天下大道理"的先生的教诲下,西园子养成了种"不大正常"的心理,早早地学着老成,总以为必须在"视""听""言""动"诸方面做得规规矩矩,才能成为"圣人"似的,并且,他平常在抄写"圣贤语录"方面也花了不少工夫。这种"怪"教育在他下一阶段去济南读省立师范的头两年中,又得到了进一步的发展。

1923 年的暑假,17 岁的西园子在那所县立小学才教了一学期的课,就不干了。教课得到了报酬,就有了路费,于是,不安于现状的、渴望求学深造的西园子便趁着暑假,也没有经过李爸爸的同意,自己跑到省城济南考升学去了。

是啊,小鸟的翅膀硬了,总是要飞的。西园子也就像一只不驯的小鸟一样,执着地要凭着自己的力量,振翅到蔚蓝色的天空中翱翔一番。小鸟要看一看天有多高,风有多大,西园子也昂着头,望着那白色的云,望着那彩色的虹……

不过，西园子那种热爱大自然的天性，那种艰辛的生活经历，那种热爱大地的真诚感情，却使得他没有好高骛远飞入那虚无缥缈的茫茫云空之中。他是吮吸着农民的乳汁长大的，他实实在在地脚踏在大地上，正如他后来在大学时代写的《地之子》一诗中所表白的那样：

我是生自土中，
来自田间的，
这大地，我的母亲，
我对她有着作为人子的深情。
我爱着这地面上的沙壤，湿软软的，
我的襁褓；
更爱着绿绒绒的田禾、野草，
保姆的怀抱。
我愿安息在这土地上，
在这人类的田野里生长，
生长又死亡。

我在地上，
昂了首，望着天上。
望着白的云，
彩色的虹，
也望着碧蓝的晴空。

但我的脚永踏着土地，
我永嗅着人间的土的气息。
我无心于住在天国里，
因为住在天国时，
便失掉了天国，
且失掉了我的母亲，这土地。

西园子就是这样的一个“地之子”！他把大地视为母亲，对大地怀拥一种“人子的深情”。他由衷地爱着故乡那湿软软的沙壤，爱着那“绿绒绒的田禾、野草”。他的脚永远坚实地踏着土地，他“永嗅着人间的土的气息”！

一个作家的出身和童年、少年时代所受的教养及经历，会对作家本人的气质、性格的养成产生不可低估的作用，进而对作家创作个性的形成及其创作思想，尤其是早期阶段的创作思想产生深刻的影响。

李广田的情形正是这样。

他是北方农民的子孙。

他生长在山东农村。山东是个历代颇出豪杰义士的地方，民风古朴。很多人说：“肝胆相照，朴实无华，浑厚可爱，是山东人最好的写照。”的确，诚、朴、厚、义这些优良品性都融入了李广田的气质之中，都在他的身上留下了难以磨去的印记。

他在“忠厚、朴讷、勤劳、节俭”的李爸爸这样“典型的北方农民”的教养之下，又同时在和善厚道、乐于助人、酷爱陶诗、文化涵养较高的王爸爸那样一个“至情人”的教养之下生长起来。他的性格主要就在这两种教养之下形成，在李爸爸和王爸爸的这两种性格潜移默化的影响之下形成——连他自己多年之后都还“常觉得自己的性格中依然存着这两种性格”。

而从小因贫困给他带来的那种孤单、寂寞的生活，以及读高小时开始受到的那种“规行矩步”、学做“圣人”的“怪”教育，又给他的性格中增加了一种执着感和忧郁感，使他早早地学着老成。他有自己追求的较高的生活目标，也有艰苦卓绝的精神……

于是，上述诸多因素有机地作用在一起，此时，结束了少年时代生活，即将跨入青年时代的西园子，被塑造成了大致是这样的性格和气质的一个人：他质朴、忠恳、刚直、淳厚，他少年老成、言语不多，他吃苦耐劳、生活节俭，他坚韧、执着，性情表面温和，内心却潜藏着激情，他有正义感，有同情心，是一个至情人，一个朴实无华的人,一个有理想、有奋斗目标的人。

当然,随着岁月的推移,西园子的性格还会逐渐有一定的发展,但他却始终“几乎还是像乡下人一样生活着、思想着”。他质朴的气质却始终没有改变,这是他身上最基本的东西,也是他得天独厚的东西!他自己多年之后都还如此自诩:“我大概不会是一棵松柏,一棵梧桐,更不是牡丹和兰花,我大概是一株野草,我始终没有脱掉我的作为农人子孙的性道。”(《根》)而这种质朴的得天独厚的气质,是何其宝贵啊!这是他今后从事文学的“不朽的地基”(刘西渭语)。正是在这“不朽的地基”之上,他建造了自己独特的“画廊”,有了自己的“银狐”,种下了自己独特的“雀蓑”和“灌木”,成为独树一帜的“乡土文学的散文作家”,使自己的作品长久地散发出清新的可贵的泥香。

他始终没有忘记和割断自己同农民的血肉联系, 由于他从小就广泛接触农民,体察农村生活,故他了解农民,熟悉农民的思想、感情、心理和愿望。在领略农民的勤俭、质朴、刚直等美德的同时,他也深深感受到农民的贫穷、痛苦和悲伤。他理解农民,他挚爱着农民。正如波兰杰出的作家显克维支在回忆童年时所说的那样:“最早我从乡村生活和大自然得来的印象使我爱上了土地和人民。”西园子那浑厚有力的《地之子》诗句,道出了他对大地母亲的炽烈、深沉的人子似的爱,表露了他对脚踏实地的重要性的自觉、强烈的认识。而这种炽烈、深沉的爱,这种强烈、自觉的认识,正是形成他那创作个性的内在依据。西园子后来之所以能够登上中国文坛,首要的便是因为他是“地之子”,他永远踏在大地这雄厚坚实的基础之上。

西园子一走上文学创作的道路, 便清楚地强烈地意识到自己身上蕴藏着丰富的创作矿藏,那就是他童年、少年时代的乡村生活,他故乡的风土人情,他所深爱着的农民,他所深爱着的大自然的山水草木……他亲切地回味着这一切,并把它们一一凝入了笔端。可以说,西园子这种现实主义的“地之子”的思想感情始终贯穿于他一生的创作之中。

第二节　济南求学

1923年的秋天，17岁的李广田考入了设在济南的山东省立第一师范学校。接受中等教育的生活开始了。

“到省城去升学，既未得到家庭的同意，自然也不能得到家庭的帮助，以当时家境而论，家庭也无力供给一个中学生，而省立师范学校是公费待遇，我又模糊地觉得自己将来宜于从事教育工作，于是投考的是省立师范。”（《自己的事情》）家庭经济困难确实是他报考省立师范的一个原因，而前两年县城师范讲习所的学习和半年受聘任教的实践，以及他善良、宽厚的天性，则使他爱上了教育这门事业，这是他报考省立师范的第二个原因。

还有第三个原因——省立师范是小学师资的培养所，在当年济南的中等学校中颇有点名气，师资力量很强，所以报考这个学校的青年特别多，李广田也向往着成为这个学校的学生。就在李广田报考这一年，考生竟有800名之多，可是名额却只有40名。不言而喻，能被录取的这40人自然都是成绩名列前茅的佼佼者了。考试放榜，很荣幸，“李广田”三个字列在了这批佼佼者的名单里。李广田的同班同学中还有刘照巽、马守愚等后来的革命志士，以及邓广铭、臧克家等后来的史学家和诗人。

省立第一师范校本部的地址原是都司衙门，在济南城内繁华大街一旁。因为学生班次多，校本部容不下，所以，新生第一年就都住在济南城外的“北园”，升二年级时再搬进城内校本部。学制原本是五年一贯制，从李广田他们这一级开始，改为三三制，即前期师范、后期师范各三年。前期师范相当于初中，后期师范相当于高中。

黄山谷曾有诗云：“济南潇洒似江南。”住在北园，这些前期师范一年级学生才深深体味到这名句并非夸张。北园的环境幽雅极了，完全像江南的水乡。望出去，满眼是稻田，处处是流水。湖田里荷叶田田，红花万头攒动。到得秋末，荷叶枯了，便把水放走。此时，那满湖金色鲤鱼在阳光下活蹦乱跳、鳞光闪闪，景色动人。置身于这样优美秀静的北园中，与置身于江南农村风光之中，哪有什么两样！

大概是刚从乡下来到省城的缘故吧，李广田对这里的一切都觉得那么新鲜，那么有趣。这里的一切，似乎都自有一种潇洒风韵。他们的校舍，是个小小院落，院内有一棵很大的垂柳，几乎给整个庭院搭了个大凉棚。每当月白风清，有的先生便约了同学们在这里谈天。在操场的北面，是一列带着稚气的洋槐丛林。东面是一条清浅的小河。另外两面，是荷塘和菜圃。从东海之滨直达济南的一条铁路，就从校园的北面经过，相距仅有半里。当夜静的时候，听到远远的火车压着地面奔来，似乎自己的立足之地都有一点微抖。时间稍长一点儿，火车的声音听来也就不觉震耳，倒觉得是一件很自然的事了。那火车的声音，对于夜，对于这些年轻人，都无妨于一整个的和谐。火车驶过后，声音渐远渐低，渐渐地静了下去，地面与空气也似乎静止了。此时，家在别的火车站附近的同学，听了火车的汽笛之后，也就动起乡愁来。对于青年人来说，这是自然的情形，何况还是初次离乡背井，跑到这极生疏的省城来的青年人呢！李广田也是常常牵动乡愁的。不同的是，当这些同学说到汽笛时，他想起的，却是黄河那浑浊水面上的白帆……

对北园这个地方，李广田是确实喜欢的。每到黄昏，或夜色苍茫的时候，他尤其爱独自在那一列洋槐丛下，享受寂静的一个时辰。到得晚秋时节，洋槐的叶子渐为霜露所染。微风掠过树杪本末时，便常有得秋独早的黄叶离枝落地。此时，他更爱一人在这里低头闲步了。有时，他也会应好同学臧克家、邓广铭之约，几个人一起到铁路边散步，用双脚走单轨，还比谁走得长、走得稳呢。有的时候还会悠悠逛逛地一直走到离北园好几里地的那个黄台火车站。

进入师范了，随着身份的不同，大部分同学都开始注意穿着入时。可是李广田却仍穿着自制的白布袜子，黑布鞋，乡土味很浓很浓。他说话不多，规行矩步，遇事不急不躁，性情温和，功课优良。在师生心目中，是一个朴实诚笃、稳重老成的好学生。同学们有事都愿意和他商量，把他看作老大哥，尽管他年纪并不比其他同学都大。更使同学们佩服他的是，他虽然性情温和，但却有角棱。碰到不合理的事，他也会激动起来。比如听到有的同学家庭生活的不幸啊，受人欺侮啊，等等，他便会表现出一种由衷的关切和莫大的义愤来。同学们都说他“平和的外表里埋藏着一颗火热的心”!

在北园的这一年时间里，有几位教师给了李广田较大的影响，尤其是国文教员时霁云。真巧，这位在齐东教过李广田高小国文的理学先生，也来到省立第一师范学校教书了。并且，仍然教李广田他们这一班的国文。由于同是从齐东乡土来的，从前就对这个忠厚踏实的学生颇有了解，因此时先生对李广田自是另眼相待，加之李广田随年岁渐增，日益刻苦好学，老成持重，使得时先生对他愈发赏识。

说起来，这位矮个子的时先生的确是一位很好的老师。他为人质朴，待人忠厚，生活清苦。总是布衣布袜，甚至显得有点土气。他的忠诚俭朴，特别能给青年人很好的影响。不过，他也有极大的缺点，那就是反对科学与蔑视文学。他认为科学知识都是外在的东西，并非生命中的根本事物，因而是不重要的，而文学又是感情的东西，是属于玩物丧志一类的，当然更不该看得起。他认为人应该先“立乎其大者，敦品励行”，做一个“圣人”。这些，都给予李广田不小的影响。李广田后来对此这样自述过：“我直觉地相信，我对于科学是有相当兴趣的，尤其是生物学，从天资方面看，我相信文学与我尤其接近，然而由于这位老师的长期教导，科学与文学两方面的兴趣都被压抑了。”的确是这样，在时先生的教导下，李广田把功夫都用在克己反省上，热心“做点”，甚至成了“做点派”的小首领。

何谓“做点派”?这是出自李广田他们班的一个典故。国文教员时先生颇推崇理学，虽是教国文，可是他讲课时，选的文学作品却很少，大都是理学的东西。他上课时，很喜欢给学生讲陆九渊、王阳明的学说。“格物致知”“宇宙便是吾心，吾心便是宇宙”“心即是理”“心外无理”“心外无物”等是他常挂在口上的信条。讲到佛家五祖为了六祖的一个“身非菩提树，心非明镜台，本来无一物，何处惹尘埃”的偈子，便把衣钵传授给了六祖时，这位时先生是那样津津乐道。时先生还教学生打坐、烧香，说这样可以入道。他崇拜陆九渊，说陆九渊内心修养功夫极深。每说到陆九渊的一点突出之处，他总要补上一句：“这一点，平常人不容易做到。”于是，有些同学听了后，便憋着一口气说：“你说不容易做到，我们偏要做到，我们一定能做到！”这样，这些同学便被大家称为“做点派”。“做点派”的中坚分子大约有那么七八个人。

李广田对“做点”也甚为热心，并且是这一伙中坚分子的核心。他按时先生的提倡，花了大量功夫抄写圣贤语录，每天勤写日记，在日记中反省，检查自己的修养功夫，记下每天的提高。时先生也很赏识他，经常夸奖他，要同学们向他学习。他每天晚上写完日记后，别的“做点派”还争着要读他的日记，从中边学习修养功夫，边学他的样写日记。可以说，他简直成了这些“做点派”的一个小偶像。

愈是如此，李广田便愈是努力提高修养功夫，时先生也便愈是赏识他。李广田在时先生的教导下，从主观唯心主义的宋明理学中受到了很深的不良影响，时时在努力“去人欲，致良知”。他听信王阳明的说法：“减得一分人欲，便复得一分天理。”只要不断地“改过迁善”“胜私复理”，最后便能做到“此心纯乎天理而无人欲”，使良知充分显露出来，达到圣贤境界。王阳明宣称，这神妙的良知是人人同具的。因为我之良知与圣人同，所以人人都有成为圣贤的先天条件。李广田相信了这一套，也认为自己同样具有成为“圣人”的可能！他认真地按照王阳明提出的“静处体悟，事上磨炼”这一套方法去做，随时都在痛下“省察克治”之功。

陆九渊、王阳明都是在道德修养上十分强调自觉的，认为圣人和愚人的区别就在于人欲的多寡，而人欲的多寡又取决于人们“致良知”的自觉性。这种理论不仅引导人们把一切不满引向自身，而且又在成圣贤的诱饵下诱使人们努力改造自身。它让人们既不要怨天尤人，又不要自卑自弃，让人们不是寄望于来世，而是希望今世即成圣贤，因而分外努力。

在时先生的影响下，李广田硬是按照这一套理论分外努力地、自觉地进行道德修养，希望今世即成圣贤。他对于“五四运动”以后，最先把陆九渊、王阳明的心学与西方资产阶级的主观唯心论结合起来的梁漱溟所宣扬的一套，也很喜欢。他这样说过：“这一时期，我颇读了一些课外的书刊，只记得梁漱溟先生的《孔颜乐处》是当时最喜欢的一种。”关于梁漱溟的思想渊源，梁本人这样自认过：“我曾有一个时期致力过佛学，然后转到儒家，使我得门面入的，是明儒王心斋先生。”在认识论上，梁漱溟又提出了反对科学和理智的直觉主义，并且给直觉赋予道德属性。他宣称，这神秘的直觉“也就是孟子所说的不虑而知的良知，不学而能的良能”，是“不忍人之心”，也“就是孔子所谓仁”。他要求人们一切听从直觉亦即良知的支配，并不要使它受到“杂染”。这实际上也是在宣传王阳明的“致良知”，让人们自觉地“去人欲，存天理”。

李广田所受到的这些奇怪的教育和影响，深深地束缚了他的思想，他不但自己立志要成为“圣人”，而且还又以一种所谓“圣人”的态度，把这种怪教育拿到自己的小弟弟身上实习，做了不少傻事。后来，李广田自己七八年后对这段时期的情况在《成年》一文中曾这样如实地记述道：

> 虽然以年龄论，我当时也还是个孩子，然而却早早就学着老成，并听了那些懂得天下大道理的教师的指导，总以为必须在视听言动诸方面作得规规矩矩，而且只有那样才能成为所谓“圣人”似的。那种傻气，现在想起来实在是觉得好笑。但是我深深地受了那种教育的熏陶，又因为那些年间我过着家庭生活的日子比较多些，于是就用了我亲身受过的那种教育，再去向我那小弟弟身上作着实习。我拿着我那弟弟也当作一个大人，而自己则是以一种所谓“圣人”的态度，时常用一些莫名其妙的言语去呵斥他，就是不惜动了武力，使那小小身体上受着一些痛楚，想去纠正他一些不应纠正的动作，也是曾经有过的事情。

看着李广田这副立志学为“圣人”的样子和蠢气，连王爸爸都善意地嘲笑他说：“西园子，你难道要修炼神仙吗？”王爸爸还把他的日记拿了去当作新闻阅读的事，也是有过的。

不过，这种奇怪教育也给予李广田另一方面的东西，那就是陆九渊、王阳明理学中宣扬的那种“自作主宰”“自贵其心”“自尊无畏”的精神。这种精神对于鼓舞李广田在艰难的生活环境中努力奋斗，对于激励他不畏困难、坚持斗争，对于培养他的艰苦卓绝的精神，客观上产生了一定影响和作用。固然，陆王理学中那种“自作主宰”“自贵其心”的精神是主观唯心论的，不过，实际上是可能给人以一种自强自立的影响的。

1924 年的秋季，李广田升入前期师范二年级，他们也从北园搬进了城里校本部。到 1925 年的夏天时，李广田已经跨入他生命的第 19 个年头了，而他热衷陆王理学的那种近乎悲剧的情形，已持续有将近四年的光景了。

这个时候的李广田，在懂得天下大道理的那位时先生的精心教导下，思想里不仅有儒家的影响，而且还添了一点佛家的影响。儒家、佛家这两种教育都是叫人向内的、收敛的，都是叫人没完没了地克己反省。本来，此时正值青春时期的李广田，那蓬勃的生命力正该向外发扬，用不着拼命收敛、竭力克制，然而恰恰相反，他却是在克己反省方面甚为用力。这样，愈是用力，痛苦愈深。终于，他因此酿成了一场大病，卧床不起，耽误了近两个月的功课，学校让他独自住在楼房边的一间小平房里，好让他安安静静地养病。病愈之后，李广田就仿佛像刚刚蜕变出来的蛾子一般，觉得浑身轻松愉快，真像复活了一样，直到此时，他才如梦初醒，觉悟到青年人本是纯洁的，实在用不着那一套修养功夫，与其那样无缘无故地拼命克制自己，反不如顺其自然地放任自己更合理些。从这个时候起他才知道自己应当如何去做一个坚实硬朗的、有生气、有活力的青年人，并如何同样地帮助别人去做。

这是李广田青少年时期思想发展的一个转折点。从此他挣脱了陆王理学的束缚，甩掉了儒家、佛家的羁绊，开始珍视自己的天资，发扬自己的个性，让自己的兴趣自然而合理地发展。他开始把兴趣转移到文学方面来了。他这时思想发展出现的转折成为他投身文学的内因。

如果说，李广田开始投身文学的内因是他此时的思想发展上出现了转折的话，那么，此时蓬勃开展的新文学运动则是他开始投身文学的外因。

这一时期，新文学运动可算是最蓬勃的时期。继汹涌澎湃的“五四运动”洪流的冲击之后，人心振奋，热情荡漾，文学社团层出不穷，各种文艺杂志如雨后春笋，生机蓬勃。语丝社、创造社、沉钟社、狂飙社等团体出版的《创造月刊》《创造季刊》《创造日》《洪水》《语丝》《北新》《莽原》《浅草》《沉钟》等刊物，都是最受青年人欢迎的精神食粮，尤其当时翻译的旧俄与苏联的文学作品是最好的精神食粮。

在第一师范里，文艺氛围是很浓厚的。很多同学都如饥似渴地——有的甚至可以说是生吞活剥地——争相阅读新出版的书刊，沉浸在新文学的一片热潮中。学校里还有一份由文学专修科的同学主编的每周出一张的校刊，不少爱好文学的同学纷纷投稿，校刊办得颇有生气。

校长王祝晨先生，本来对“五四运动”就很赞扬，新文学运动在他身上更是发生了很大作用，他变得更积极、更活跃了。王校长是由高等优级师范毕业的，立下了终生为教育献身的志向。他进步开明，学蔡元培办北京大学的精神，新旧共蓄，兼容并包。他聘请的教师，大多数是北大、清华、师大出身，而且大都思想进步。王校长还邀请名人到学校讲演，启迪学生的心胸，开阔眼界。请过杜威博士，请过周作人讲文艺问题，请来了杨晦先生教文学专修科，还请来了作家王森然，声称还要请王统照先生，……整个校园里都弥漫着一种新文学运动的浓郁热烈的气氛。

一些高年级同学还发起成立了一个“书报介绍社”，大量介绍鲁迅、郭沫若的著作和文学研究会、创造社、语丝社、未名社等社团的作家作品以及苏俄等外国文学作品。书报介绍社由京沪各地赊购大批新书，卖出之后又续购新书。同学们对这些书籍可以自己选择。这样，为广大同学提供了相当大的方便，颇受大家欢迎。书的内容很广泛，社会科学方面的有《共产党宣言》《政治经济学大纲》《三民主义》等许多种。文艺方面的就更多了，有鲁迅的《呐喊》《彷徨》《狂人日记》和他翻译的厨川白村的《苦闷的象征》《出了象牙之塔》等；有郭沫若的《女神》和他与田汉、宗白华合著的《三叶集》，他翻译的《茵梦湖》《鲁拜集》等；还有郁达夫的《茑萝集》；冰心的《寄小读者》；冯至的《昨日之歌》《北游及其他》；汪静之的《蕙之风》；郑振铎翻译的泰戈尔的《飞鸟集》等等。此外，日本的文艺作品，如有岛武郎的《与幼小者》，芭蕉和一茶的俳句等，都能在“书报介绍社”里找到。

这一切，确实给同学们带来了很大影响。很多同学都为新文学的热潮所激动，不少人都开始学着写一点东西。大家不但喜爱读文艺书刊，而且对于有名的新文学作家既羡慕又崇拜。臧克家在几十年之后还很清楚地记得那时的情形：“……特别是大诗人郭沫若更使我奉若神明、五体投地。他的许多名篇，当时都能背诵，爱情长诗《瓶》里的句子，像‘她的手，我的手，已经接触久，她的口，我的口，几时才能够？’‘要冷你就冷如坚冰，要热你就热到沸腾！’使青春之火正炽烈的我，从内心里起了共鸣。我从他主编的一份杂志上看到他抱着小孩子照的一张照片，我高兴地把它剪下来，悬诸案头，题上了12个字：‘郭沫若先生，我祝你永远不死’，后面还加上了个惊叹号。”①

这样的环境，这样的气氛，对于刚从理学先生那种教育的束缚中挣脱出来的李广田来说，实在是别有一番意义的。他本来就有搞文学的天资和兴趣，只不过被后来的儒学、佛学的教育深深地压抑了下去。现在，终于从那“烧香打坐”的混沌状态中清醒过来了，于是，大有一种“久旱逢甘霖”“久渴见清泉”的味道，他“如鱼得水”，不顾一切地扑入文学的海洋中去了……

他扑入文学大海的第一步是怎样迈开的呢？

关于这个问题，当年李广田的同窗挚友，邓广铭教授回忆道：

记得那是刚升入前期师范三年级的时候。

从这学期开始，宿舍与自习室就合在了一起，四个人一间房，也还宽敞。自习时间，大家都在宿舍里自习。这样，同宿舍的这几个人的接触就特别多了。广田和我被安排在同一宿舍，我们之间的来往就相当地密切起来。那时广田的身体刚刚复原。他上学期大病了一场。

---

①臧克家：《新潮澎湃正青年》，载《新文学史料》，人民文学出版社，1980。

我那个时候，已经发展到每天尽看一些文艺书和刊物，功课也不怎么管。从二年级开始，我就这样。起初，我是因为偶尔看到了《语丝》上孙伏园的一篇文章，其中提到鲁迅时有这样的话：“人人都知道的鲁迅。”我心里就在想，“人人”都“知道”，可是我怎么不知道哇？于是，为了像“人人”那样地“知道”，我便去想法找鲁迅的书来看，还有其他文艺书和刊物，也都看，越看越有兴趣，连功课都不想管了。像《语丝》和它的对头刊物《现代评论》这两份东西，我同样都买，每一期都买，都欣赏。

广田和我住到一个宿舍以后，见我每天尽这样看文学书，有一次就这样问我：“你觉得什么书好哇？”我便给他介绍夏康农翻译的《茶花女》。这本书是我很欣赏的，是用白话文译的，我自己买有一本。我把这本《茶花女》借给了他。

另外还有一本林琴南用文言文翻译的《茶花女遗事》，我也看过。不过不如这本。

广田看完《茶花女》后，很有兴趣，说很好，还一再夸我欣赏能力强。我又把刘半农翻译的剧本《茶花女》也找给他看了。

第二次，广田又要我再介绍书给他看。我让他看郭沫若译的《异端》，这是德国人霍甫特曼写的。这本书，广田看了也很喜欢，说很有价值。

这之后，广田又看了鲁迅译的《爱罗先珂童话集》《桃色的云》，还有一本开明书店出的童话集，也是爱罗先珂的，什么书名记不起了。这些书，广田看了后，受的影响很大。他读过之后，便模仿着爱罗先珂写起东西来，不过不是写童话，而是写散文，写小说。当然，只是一种练笔。他写东西很舍得花工夫，可以一坐下来就半天不动。

打这以后，广田的文学兴趣愈来愈浓厚了。①

①邓广铭教授1981年1月28日与笔者的谈话。

邓广铭教授的回忆为我们提供了一条珍贵的线索！尽管当年李广田模仿爱罗先珂写的那些散文和小说作品我们现在再也不可能找寻到，但是循着邓教授指点的这条线索，我们是不难想见那些幼稚作品的情调和旨趣的。从《茶花女》《异端》和爱罗先珂的作品中，我们是能大概想见它们留给李广田那些作品的影子的。

简略地说来，《茶花女》刻画的是一个力图主宰自己命运的不甘堕落的灵魂，写出了玛格丽特那样一颗高尚的、为严肃的爱情而痛苦的心，让读者看到了作为一个妓女的思想和感情，希望和绝望。霍甫特曼的《异端》是一部描写灵与肉冲突的中篇小说，作者的想象丰富，描写入微，对读者有一种蓬勃人性的热与力的感染。而《爱罗先珂童话集》12 篇作品中，有 9 篇是鲁迅译的。鲁迅在为这本书写的序中说："我觉得作者所要叫彻人间的是无所不爱，然而不得所爱的悲哀，而我所展开他来的是童心的，美的，然而有真实性的梦。这梦，或者是作者的悲哀的面纱罢？"鲁迅这段话指出爱罗先珂在这些童话中宣传的是博爱和人道主义的思想，而这博爱和人道主义的思想与社会现实是有矛盾的，因而作品又流露出了作者的悲哀。这样的作品在当时的中国是有积极意义的。

《桃色的云》是一个三幕童话剧。它以象征的手法，揭露了强权统治的专横、残暴和奸诈，批评了妥协投降者，歌颂了为实现“美的世界”而奋斗的反抗者。剧中的“自然母”说：“强者生存弱者灭亡这法则，的确是我的第一法则。然而所谓强者，是怎样的呢？对于一切有同情，对于一切都爱，以及大家互相帮助，于这些事情最优越的，这才是第一等的强者呢。”“自然母”的这些话，正是作者所要宣传的思想。

爱罗先珂的这些作品宣传进化论思想，鼓吹弱者要奋起直追，否则要在优胜劣败的竞争中被消灭。他主张人道主义、博爱，强调要同情和支持被压迫、被侮辱的弱者。这些思想在当时中国文艺界和读者中，有广泛的市场，受到一定程度的欢迎。鲁迅也说自己之所以要翻译他的作品是“不过要传播被虐待者的苦痛的呼声和激发国人对于强权者的憎恶和愤怒而已，并不是从什么‘艺术之宫’里伸出手来，拔了海外的奇花瑶草，来移植在华国的艺苑”。

从邓广铭教授提供的这条珍贵线索中，我们似乎感受到了李广田早期创作思想形成的脉搏的律动。上述作品中宣传的爱护人、尊重人、同情人的人道主义思想，正是形成李广田早期创作思想的一个重要因素！当然，形成他早期创作思想的因素是多方面的、综合的，但是，这一个因素却是不可低估的——当李广田最早扑入文学大海的时候，主要是受到了上述这一类作品中所宣传的人道主义思想的强烈影响。爱护并承认人的权利和尊严，承认并尊重人的价值和个性自由，同情和支持被压迫、被侮辱的人……这些人道主义的基本观点，像阵阵的波涛冲开了李广田的心扉，启迪了他头脑中原本就存在着的，因他独特的生活经历而萌发出的一种应该爱普通的人们，同情普通的人们的朦胧意识！那种朦胧意识现在因受到启迪而变得明朗了、集中了、强烈了。并且，渐渐地成为一种基本信念。尽管他没有向谁宣称自己接受了人道主义思想，也没有当时的作品能雄辩地表明这一点，但是，在此之后的不多几年，当他登上文坛，开始发表作品的时候，人们却再也无法怀疑这一点了！他密切注意着的，寄予了莫大关切和同情的，始终都是一些再普通不过的平凡小民，他在笔下描绘的、表现的，始终都是他们的悲欢离合，他们的不幸和灾难，憧憬和希望。出现在他大量的作品中的，是各种类型的农民和各种类型的普通知识分子，就是这两大类处于社会下层的普通人，构成了他笔下独特的人物画廊。他这种着意描写“凡人小事”的创作思想，甚至贯穿于他一生的创作之中，直至 1949 年中华人民共和国成立以后，他仍然密切注意并着力刻画普通劳动者和一般知识分子，用朴实的文字去写出他们平凡的工作、幸福的生活与高尚的理想。

这一切，正是可以（而且应该）从这个最早的接受了人道主义思想影响的时候追溯起的。我们还注意到，李广田那种独特的生活经历，便是他能够较快地、较自然地接受人道主义思想影响的基础。

李广田从小生活在农村，在和劳动人民的接触和亲近中，他深深地感受到劳动人民的贫穷、悲苦和辛酸。他置身于这种不幸和悲苦的包围之中，对劳动人民的种种不幸有着深切的感受。

就说他自己的家吧，由于生活的艰辛，他父亲（李爸爸）终日在田间劳作，“披星戴月地忙碌，为饥寒所逼迫，为风日所摧损”，“用了他的污汗去灌溉那些砂土，想从那些砂土里去取得一家老幼之所需”。因而也把脾气搞得很粗暴，“老是那么阴沉，那么严峻，仿佛历来就不曾看见过他有笑脸”。更令少年李广田难于理解的，是他父亲对母亲的那种可怕的态度。父亲经常骂母亲，可是，母亲不敢回答，只是暗自叹息，有时就是藏在自己屋里啜泣。更有甚者，父亲还把母亲关在屋里用力抽打。而且，隔不多久，这种殴打母亲的事就要发生一次，他对此真想不通。父亲是从来不欺负人的，即使受了外人的欺侮也不想报复。他历来都认为父亲是好人。可是父亲为什么会这样凶暴地对待母亲呢？母亲犯了什么不得了的过错？终于，他算是弄明白了。原来是外婆家穷得难以度日了，外婆又经常卧病不起，拙于谋生的舅舅只好来向姐姐求援。当父亲不在家的时候，舅舅就来背点米面或干粮回去，母亲也偶尔拿点东西回外婆家帮顾一下。不料后来被父亲觉察了。尽管父亲如此凶暴地一次又一次地殴打母亲，可是母亲仍然不顾死活地帮顾自己的老母亲和亲兄弟。长大一些之后，李广田渐渐地懂得了为什么会发生这样的一些事。这也无怪乎他能在心中对爱罗先珂宣传的博爱和人道主义思想如此产生共鸣了！

此外，少年李广田虽然已经接受了“新学”，但迫于旧礼教的压力，在家庭的强迫包办下，在1924年他18岁的时候，与一个尹家的姑娘结了婚，并在1926年生下一子，取名福生。尽管他们乡下本是有着早婚的陋习，但是在这个婚姻问题上，李广田一直是相当伤心的，他承担了极大的痛苦，生活和精神的负担都很沉重。后来每提到这事时他总是很伤感地说这是“受罪”，“家里强逼着”，是“糊里糊涂地”办了的。他对这件旧式婚姻非常不满意，与尹氏的接触来往很少，多半时间都是住在学校里。在这次旧式婚姻中，对于封建旧思想旧道德对人的尊严和个性自由的否定，李广田是有切肤之痛的。这件事对于李广田来说，不是一件小事。它对他思想的发展，特别是在推动他对封建思想本质的认识、接受人道主义思想上，有很大影响和作用。再加上李广田从高小开始便受到的那种理学“怪”

教育，束缚了身心的正常健康发展，后来的一场大病，方使他醒悟过来。李广田从中得到的教训是深刻而有益的。他因此比一般人更懂得个性自由发展的可贵，更懂得应该承认并尊重人的价值，也更珍惜人的权利和个性的自由发展……所以，值此“大梦初醒”之后的李广田，便与爱罗先珂等人的作品中宣传的人道主义思想的基本观点一拍即合了。

李广田扑入文学海洋的第一步就这样迈开了。这是多么重要的一步啊!这第一步，深刻地影响了他早期创作思想的形成，有力地左右了他早期创作乃至一生中创作的题材选择和主题表现。可以说，对于他整个的文学生涯来说，这一步是有着奠基意义的一步。从这一步开始，他真的就像一条鱼似的，钻入文学海洋中遨游起来了。文学大海里形形色色的植物、珊瑚、化石，都从他身旁擦过，他尽情地、贪婪地观赏着、把玩着，他吞吐着、吸收着，在波浪中穿游着……

第三节 刻苦求知

山东省立第一师范学校，既是新文化、新思潮吸收传播的一个站口，同时也算得上一个革命阵地。校内革命空气比较活跃，起来了一批革命的同学。人所共知的共产党员和共青团员就有 1921 年被学校开除了的王尽美，高年级的庄龙甲，李广田同班的刘照巽、孙兆彭、马守愚和低一班的邓广镇等，党派活动是较为频繁的。

王尽美同志是山东共产主义小组的创始人，并代表山东共产主义小组出席中国共产党第一次代表大会，是党的创始人之一。中国共产党诞生后，接着就以王尽美同志为首正式建立了中共山东支部。以后随着工作的迅速开展，建立起山东省委员会，王尽美同志担任了书记的重要职务。

王尽美同志不仅在校内活动，而且还经常到其他学校和工厂群众中去进行活动。为了避开学校当局的注意，他常常是白天在校内工作和学习，夜晚翻越校墙到外边活动，但时间长了总不免会走漏一些风声。这时学校内以反动学监徐禹臣为首的几个人，渐渐觉得把这样一个“危险分子”留在学校里对自己是不利的，便处心积虑地想把王尽美开除出校。然而又不得不考虑到，一旦轻率地把在群众中很有威信的这样一个优秀的高材生除名，不但社会舆论不会赞同，本校广大师生也会反对。可是，到了 1921 年冬天，他们终于还是把王尽美开除出校了。导火线是王尽美同志在学校的壁报栏内写了一篇题为《饭碗问题》的讽刺文章，直接揭露了徐禹臣以办教育标榜清高，实质上投机钻营只顾捧住自己饭碗的伪善嘴脸。这篇文章毫不留情地揭穿了这些伪君子的真面目，也帮助一些单纯的学生打破了对这些道貌岸然的伪君子的迷信。徐禹臣对此无法忍受。王尽美同志遂被触怒了的学校当局开除了，他从此成为一个职业革命者，仍然时常进出学校。白天不方便就晚上来，有时是越墙出入，避开学校当局的注意。他在学校同学中进行革命活动，帮助建立了第一师范的党组织。

王尽美同志还在济南组织了一个半公开的学术研究团体“平民学会”，来宣传马克思主义。由于他的工作积极，第一师范的很多学生和少数教员都成了“平民学会”的会员。当李广田他们进入第一师范时，仍可以看到王尽美同志进出学校做革命活动。他们仿佛都还记得王尽美同志的面貌，他耳朵特别大，同学们亲昵地叫他“王大耳朵”。他有两句话，像一副对联，传到外面，更传在第一师范同学们的心中：“自由花鲜血浇出，凯旋门白骨堆成。”

高年级的庄龙甲同学是中共山东支部的第一批成员，是山东第一批党员骨干分子。他在王尽美、邓恩铭同志的领导下做了大量工作。第一师范成立党的组织后，他便是党组织的负责人，为在学生和教员中宣传马克思主义和扩大党的影响，他进行了不少活动，付出了艰苦的努力，同时他还积极地在工人中开展工人运动。

李广田的同班同学刘照巽，做事精干为人热情，无论谈形势还是论问题，总是充满朝气和自信心。他的功课很优良，入学时就是以第一名成绩考入的。他填的词也很好，有一首《满江红》，使同学们读后心中激起的那种悲歌慷慨的情感，长时间难以忘怀。刘照巽在济南的革命队伍中是一个有影响的人物，他办了工人夜校，每天晚上都去给工人同志们讲课。孙兆彭、马守愚也和刘照巽一样，经常跑工厂，从事工人运动。尽管如此为革命辛勤奔走，他们的功课仍然都是在班里被列为上等的。

当时，负责山东省共产主义青年团工作的关向应同志也是经常出入第一师范学校的。他在同学中进行活动，帮助学校团组织积极开展工作，发展团的力量，壮大组织，引导大家走上革命道路，对大家很有鼓舞。

总的说来，省立第一师范学校确是一所具有革命传统，并且革命力量比较大的学校。这里的革命空气，也同文艺空气一样，是浓郁的、活跃的。很多同学关心革命，谈论时事，经常参加革命集会，脑子里逐渐装进革命思想。当“五卅”惨案发生后，同学们纷纷罢课，涌上街头，参加进济南学生组织的游行示威中。有的人手里摇着小三角旗，上面写着“打倒日本帝国主义”“抵制日货”“为顾正红烈士报仇”等口号。大家喊着口号，情绪激昂，队伍浩浩荡荡，极为壮观。

置身于这样的革命空气之中，在第一师范革命传统的熏陶下，有着穷苦生活经历的李广田也逐渐接受了一些革命思想。在同班同学中，邓广铭和李广田都与刘照巽相处得很好。也就是在与这些革命者的同学相处过程中，李广田不断受到他们的影响，渐渐地倾向了革命。不过由于他在前期师范一、二年级时受理学教育的束缚，加之性格内向，规行矩步，故这段时间参加革命活动不多。“五卅”惨案后的游行示威时，他刚巧又处于大病之中，也未能去参加。

但是，升入三年级后，李广田大病痊愈，也跳出了理学教育的束缚，他浑身轻松，精神开朗，勃发了青年人的朝气和活力。他扑入文学海洋的同时，在接受革命思想和参加革命活动方面也有了较明显的进步。三年级下学期，他就积极参加到“挽留旧校长，驱逐新校长”的学生运动中，情绪激昂，态度鲜明。在升入后期师范一年级后的1926年初冬，他又参加进反对张宗昌愚民统治的一次巨大的济南学潮中。之后不久，他怀着青年人前进的热情，加入了共产主义青年团。这在当时那种黑暗的形势下，无疑是需要很大的革命勇气的。当时山东全省的青年团员的总数仅二三百人！李广田他们这后期师范第一班简称“后一”，由于倾向革命的同学形成了一定力量，还被有的人加给了一个名字“红色的后一”。李广田也是这“红色”中的一个进步分子，他还到“书报介绍社”工作，介绍进步书刊，为同学服务，扩大革命影响。

那时，在山东革命运动兴起发展，新文化热潮高涨的同时，军阀张宗昌的黑暗统治也日益加强。他实行武力镇压和文化专制双管齐下的政策。哪里一有爱国进步活动，他就出动军警镇压。动辄全城戒严，岗哨林立，大街巷关门闭户。张宗昌称共产党为“过激党”，捉住“过激党”，就装进麻袋投入黄河。

在文化方面，张宗昌起用前清状元王寿彭做教育厅长。1926年初，王寿彭一上台，就大搞愚民教育，为张宗昌效劳，他采取了如下一些主要的措施：提倡复古教育，严令各校读经；反对新文化；禁止学生参加一切社会活动；解散学生一切自由结合的团体；严禁学生参加政党……把山东学生置于极端被压迫的境地。寒假期间，王寿彭又借故撤换一些较进步的教职员和校长，将平日比较活跃的学生，以“过激”和“赤化”为名开除。

第一师范深受师生爱戴的，在社会上也深孚众望的王祝晨校长，首当其冲，被撤换了。撤换的主要原因，一方面是因为王校长经常读一些新文化的书刊，尤其是《现代评论》《猛进》，这是他终日不释手的东西。有一次早会上，他对全体学生说：“什么赤化可怕！张宗昌不比赤化更可怕吗？”北京出版的《洪水》《冲锋》《猛进》等刊物，都在张宗昌严厉检查之内，全济南很难找出一个代卖的，就只有第一师范代售。另一方面是戒严司令部的参谋长想抢取第一师范校长的位置，到督署控告王祝晨“拥护过激，宣传赤化”。

可是，这个参谋长没有想到，教育厅一听到撤换第一师范校长的消息，马上捷足先登，命第一科科长李建琛走马上任。这个新校长李建琛是个很腐败的老顽固，他带来两项使命：解退一切进步教员；开除一些进步学生。

李建琛到任后，便按照“大中学校一律读经”的命令，请了几个行将就木的翰林来“讲经”，专门讲“三纲五常”“君君臣臣父父子子”这一套仁孝礼义。有标点符号的书都不准读，说《红楼梦》《水浒传》都是赤化书。这几个已处于生命尽头的翰林，还要人扶持着才能上讲台，既昏庸又迂腐，一副可憎可怜的样子，令人厌恶透了。

这一切，使同学们感到窒息，激起了很大的不满。于是，利用这个机会，在济南团组织的发动下，开展了“挽留旧校长，驱逐新校长”为口号的学生运动，并扩大影响到其他学校。虽然最后没有能挽留住旧校长，新校长也没被轰走，但却在一定程度上显示了团组织和进步学生的力量。

到了这一年的初冬，山东党组织又发动全市学生举行大罢课，掀起了一次巨大的学生运动，以粉碎张宗昌的愚民统治。当时，各个学校里主张新文化运动的教员大部分被辞退了，换上了前清的老举人、老秀才。这些前朝遗老在那里弹冠相庆，互贺得到这最后一次宣扬孔孟之道的机会。学生却再也忍受不了这种压制，容忍不了教育界的这种黑暗，在党团组织的领导下，纷纷罢课，表示抗议。这次大罢课，遭到了张宗昌派来的大批军警的镇压。张宗昌还通过多方面的渠道，掌握了各校进步学生的名单。

上述这几次较大的学生运动，李广田都积极参加了，从中得到了锻炼。他怀着前进的热情，积极要求加入共产主义青年团。就在年底这次全市学生大罢课之后不久，李广田被吸收加入了团组织。此时，原来负责“书报介绍社”的高年级同学毕业了，邓广铭挑起了负责“书报介绍社”的担子，经常东奔西走地忙着，成为共产主义青年团员的李广田也成了“书报介绍社”的骨干，认真踏实地协助邓广铭工作，与上海、北京方面联系，订购书刊，向同学们宣传。自己也在如饥似渴地阅读进步书刊，吸收精神食粮。

1927年春，大革命的影响波及山东。第一师范学校当局对学生的思想控制格外严厉起来，不允许再办“书报介绍社”，张宗昌的部下也把眼睛睁得大大的，盯着“书报介绍社”的活动。在此情况下，“书报介绍社”只好表面停办，转入地下活动。从北京、上海订购的新书都只能改寄到一些济南同学的家里再转交。在邓广铭、李广田等人的努力下，“书报介绍社”仍然坚持办下来了。

同年秋天，暑假结束后回到学校的第一师范的学生，又掀起了一次“轰校长”的学生运动，要把那讨厌的李建琛轰走。一个年级推选两名代表出面与校方交涉。这时，邓广铭、李广田已升入后期师范二年级，邓广铭被推为后期师范二年级的两名代表之一。可是后来，李建琛不但没有被轰走，这些年级代表反而被作为“出头鸟”开除了。邓广铭被开除之后，原先由他负责的“书报介绍社”就由李广田负责起来。邓广铭虽然被开除了，但他仍然与李广田他们保持着联系，经常悄悄地夜晚回学校同李广田他们见面商谈，讨论“书报介绍社”的事，研究如何更好地把“书报介绍社”办下去。

“书报介绍社”仍然在办着。李广田在为同学服务的同时，自己的文学兴趣也与日俱增。他抓紧时间广泛阅读各种书籍，刻苦练习写作，草稿就写了好几大卷，有诗歌、有散文、有小说。他对练习写作差不多到了入迷的地步，只希望能有更多的时间全力以赴地专诚致力于文学。

随着蒋介石对革命的叛变，张宗昌的统治越来越黑暗、越来越猖獗，对山东共产党和青年团组织的破坏也越来越严重。白色恐怖笼罩着山东。李广田的思想上渐渐地出现了一种模糊认识，他误认为“文学”与“革命”是不能和谐的，要革命就无法再搞文学，立志搞文学就难以再革命下去。可他实在又是多么舍不得文学！另外，当时的他还受到了一些学者的感染，想继续求学深造，不甘心就此做一辈子的小学教师。这个问题上，他也错误地认为“升学”与“革命”似乎二者不可兼得。他思想上为这种文学与革命的矛盾深深痛苦着。终于，几经思想斗争，入团才半年左右的李广田还是提出了退出青年团的要求，以利潜心扎进文学堆中去。

当时，山东省共产主义青年团的负责人关向应同志曾劝告他说：“即使是文学，也有革命的文学和不革命的文学之分，要能做一个革命的文学者，就可以消除这种矛盾的痛苦了。”可惜，对于关向应同志这一中肯的劝告，李广田是多少年之后，在严峻的现实教育下才真正理解了、实践了。在当时，他不了解这劝告的正确性和深刻性。他对革命、对团组织的认识还是模糊的，存在着一些糊涂观念，没有能够接受关向应同志这一正确的劝告。

这以后，李广田便扎进了文学堆中，专心于文学的阅读和写作了。为了大家阅读方便，也为了自己阅读方便，他仍坚持办着“书报介绍社”，想方设法和北京、上海等地联系新书。1928 年 3 月，因“书报介绍社”购置的书中有《文学与革命》一书，李广田被张宗昌的宪警逮捕了。

当时的政治情形日益恶劣，邮电检查非常严格，适值济南刚发生了一次暴动事件，因此检查更为严格。在李广田他们所购新书中有苏联托洛茨基著的《文学与革命》五册，是韦素园、李霁野翻译，由北京未名社出版的。李广田向未名社订购书时，是请他们将书寄到他在济南一家商店做店员的三哥王锡伯处，然后再由三哥转交自己。可是，书才从北京寄到济南，就被张宗昌的部下从邮局里查获了。他们以为这事与刚发生过的暴动事件有关，便顺藤摸瓜，逮捕收书人。这样，三哥王锡伯便无辜地被警察从商店里抓走了——这一天是 1928 年的 3 月26 日。

当李广田听到消息赶到三哥那里去看时，在路上正遇上被两个警察押着的三哥。兄弟二人相视无语。李广田看着哥哥那苍白的脸，心中难过万分，表面上还得装出很平静的样子目送着他被押往戒严司令部去。

当天傍晚，李广田同邓广铭和另一个朋友一块儿商量究竟怎么办。邓广铭劝他逃出济南暂作躲避，免得被捕入狱。尽管要逃走还完全来得及，李广田却坚持不逃。他想救出无辜的三哥，也不想再牵连与哥哥有关系的人。至于下一步是否会被判刑或枪毙，李广田都不去想它了。他早就有尝试一下牢狱生活的愿望。其中的一个原因大概是“文学创作欲”在作祟，他对牢狱生活的味道甚至有一种新奇之感；另一个更重要的原因是——如他一年后所说的——“因为那是一个黑暗到极顶的时代，真正活着的青年，都是背着脑袋走路，不知不觉，便会走进网罗去的。流血，是人所习见的，死，也不觉得是怎么可怕。正因为青年们要求‘活’，所以把‘死’轻轻地掷在了一边。”

这天晚上，李广田一切如常。他鼓着力量结束手上尚未写完的习作——诗歌《月光曲》，像要结束自己的一切似的。他把这看作了他最后的创作。终于写完后，他还读了几遍，在封面上写了“最后的歌子”几个字，连同自己平常写的几卷诗、小说、日记等手稿，一起整理好了交给同宿舍的一位朋友。他对这些稿子的分量看得很重，私心里认为：“我死之后，或许这些东西还会替我活下去。如果，要证明我真实地在人生的路途，很努力地走过，那便只有这些！”还有一件饶有意味的事是，李广田当时正在读王尔德的《狱中记》一书，仅读了一半，联想到自己将会坐牢，他不由得在心中暗暗地说，这《狱中记》“后半不能读，只好实地去体验了”。

第二天——3 月 27 日，李广田起得很早，照常上着课，等待着警察的到来。他知道无非是按这两种方式被抓走：一种是夜里来抓，押上汽车去——这是厉害一些的方式；另一种是平和些的方式——白天来，在班上点名站起来，说声：“督办请你去问句话，不妨事。”便牵了去。他无畏地然而也是无味地等待着。课间休息时，他也随便各处走走，看看青天。一想到快要和这可爱的世界隔绝开，心中毕竟难免有些恋恋之情。

果不其然，他被按事先估计到的第二种方式逮捕了。当上着历史课的时候，几个警察“咚、咚、咚”地走进教室来。领头的是一个胖老粗，他点了“李广田”的名，说了那几句李广田早就知道的话，两个警察便走上来，一人牵了他一只手，走出教室去。外面还有一些警察，一副戒备森严的样子。李广田很坦然地跟着他们走，没有惧怕。到了学校外面，车马人群照常地拥挤着。警察在前面开路，像在人海中劈开一道波浪似的，李广田被簇拥着走向了“生与死的审判处”去。

李广田被捕入狱后，邓广铭他们在外面加紧做营救工作，几经辗转托人，找到一个在官场中混的政客，由他出面写了一封求情信给军警执法处处长袁某，请求开释李广田。当时，军警把李广田的名字搞错成“李光田”。求情信送出几日之后，收到了一封回信，信中称：“查李广田即李光田，该李犯有重大赤化嫌疑，来信所托开释之事，实恕难从命。”

李广田被捕的消息传到家乡，可把父母急坏了。父亲愁得糊里糊涂的，没有更多的办法，只有把自己亲手种的大柳树和榆树都卖了，企望用金钱把儿子从监狱里赎出来。母亲终日愁眉不展，一提起这事就哽咽着说不出话来。王爸爸为此急成大病，无比痛心三儿锡伯和西园子双双遭难。从这以后，王爸爸便一直不曾恢复健康。

李广田被关在济南东门大街那个监狱里，挨打受刑，吃尽苦头。一间黑暗的小屋里挤了 30 个犯人，手脚都难以动弹。也没有窗户，一片烂草铺地就是床，虱子无数，臭气熏天。李广田每每从外面得到一点钱，就都得奉送给那几个看守“买茶喝”。看守中一个姓刘的尤其奸诈，表面还和善，对李广田显得比较客气。原来他已经去过李广田家，说他有个亲戚是法官，可以用人情的面子帮助李广田脱险，以此骗取了李广田父母的很多钱。现在他对李广田稍微好一点，只不过是用了良心的万分之一罢了。还有几个看守的“德行”也是不用一一“恭维”了。短短一个来月的牢狱生活，李广田饱尝了人世间的丑恶、污秽和虚伪。

5 月 1 日，北伐军占领了济南，张宗昌在头一天北伐军三面包围济南时便弃城北逃了。北伐军进城以后，释放了监狱里的全部犯人。这样，李广田也才获得了自由，结束了一个月零五天的牢狱生活。确实可以说，李广田是用他自己痛苦的亲身体验“写”完了他入狱前未看完的《狱中记》。王尔德《狱中记》中的这句话在李广田心中留下的印象更深了——“我常常把悲哀当作唯一的真理。”

出狱后，紧接着就发生了“济南惨案”，济南陷入日军之手，一片兵荒马乱。济南城是不能再待下去了。李广田卷起行李回到家乡齐东。大难之后家人相聚，各人激动的心情自不待言。父母兴奋得说不出话来，只会用泪眼凝望着遭难幸返的儿子。李广田看着因他的连累而造成家庭生活如此艰难的景象，阵阵揪心的难过。

他在家里住了三个多月。秋季一开学，他就应一同学之邀到偏僻的陵县县城的一所小学教书去了。一个学期之后，那位第一师范老校长王祝晨先生，把李广田介绍进他在做校长的曲阜二师附小当教员，也是只教了一个学期。暑假中李广田就只身跑到北京报考大学去了。

很顺利，他被北京大学预科录取了。从1929年的秋天开始，23岁的青年李广田的脚下，展开了一条新的生活道路。

第四节 “山东精神”在北大

20世纪20年代末30年代初的北京，在经历了20年代中期军阀统治的那种沉闷肃杀的气氛笼罩之后，尽管仍然不失保守之风，但却似乎能够让人们呼吸到稍微安宁静谧一些的空气了。

年轻的乡下人李广田，依靠自己艰苦的努力，曾从他偏僻的齐东乡村走入了省会济南。此时，他又凭着自己顽强的奋斗，迈着勇敢的步子，踏进了有着悠久历史文化传统的、富有文化教养的、人才汇集的大都会北京（1928年起改称北平），开始接受当时的中国人中只有很少数人能够受到的大学教育。这个充满文化气息的古城，这个“五四运动”的发源地，李广田是从很早的时候就向往过的啊！

一个乡间青年考上了北京大学，这对穷乡僻壤的“齐东野人”来说，真不啻中了状元！一时间，在齐东，在济南的中小学里，都有点闻名了。因为这些中小学里的老师，有不少是李广田的小学同学、中学同学，他们绘声绘色地向学生介绍李广田家境是怎样的贫困，他在学校里是如何的省吃俭用，发愤苦学……这些教师中有几位在讲了李广田勤奋自立的事迹之后，还喜欢趁此机会用“将相本无种，男儿当自强”一类的话鼓励学生。诚然，这类话有一番封建味道，而且李广田也绝非“将相”，但是不管怎么说，齐东“状元”李广田在这些年幼的中小学生心目中，尤其是在一些来自贫苦家庭的少年们的心目中，确实成了一个有鼓舞作用的、有吸引力的榜样。

20世纪30年代初，老舍先生在设于青岛的山东大学执教期间，曾在《青岛与山大》一文中提到“山东精神”这样一个新词。老舍先生认为“‘山东’二字满可以用作朴俭静肃的象征”，并且解释说：“这种精神使我们朴素，使我们能吃苦，使我们静默。往好里说，我们是有一种强毅的精神；往坏里讲，有点乡下气。”

李广田正是一位浑身充满这种“山东精神”的山东男儿！他带着满身朴素的“乡下气”跨入了大都会北京。他强毅，他勤奋，他朴俭静肃。他身上那种吃苦耐劳、艰苦卓绝的精神——“山东精神”，始终支持着他像一个永不停顿的奋进者，辛勤地、坚定地跋涉在人生的长途上。说起来，李广田这种艰苦卓绝的“山东精神”是有着它形成的多方面因素的。首先，是从小那种贫苦农家艰难困苦的生活环境，所给予他的一种中国农民节约俭朴的传统美德的教育。其次，是从王爸爸那里开始的中国古典文化的熏陶。中华民族的悠久历史文化传统和历代名人志士激发他立下了远大的志向，他以这些前贤为榜样，懂得不吃苦无法追随其脚步。再次，是中小学几年中受到陆王理学的教诲，其中宣扬的那种“自作主宰”“自贵其心”的主观奋斗精神，给予了他感染、激励和鼓舞……这些都有机地融合进李广田的心中，帮助他培养起了一种不图安逸、知苦而进、以苦为乐的艰苦卓绝的进取精神。

正是怀着这样的“山东精神”，23岁的李广田在北京这样一座非常古老，又不乏美丽的大都市里住了下来。他发现这里的水光山色、人情物态好像都使置身其中的人们悠然自得。别的不说，就单单是那蓝得通透的、高得不能再高的天空就吸引了多少人的梦……是的，这是“一个最宜于做梦的大城”。

沿着景山前面那条寂寞的大街一直往东走，走不远一点，就到了沙滩——当时北京大学文学院的所在地，那作为办公室和教室的“红楼”迄今还屹立着。“红楼”以西一箭之地，便是文学院的“东斋”学生宿舍。这“东斋”已经快要接到景山公园东面的围墙。“红楼”北面越过操场，墙北便是“松公府”的一大片颓垣废井。

李广田就住在“东斋”。每天清晨，同学们总会看到在“有小树夹道的狭长庭院里，常有一位红脸的穿大褂的同学，一边消消停停地踱步，一边念念有词地读英文或日文书”，这便是预科班的学生李广田。

走近一看，还会发现，李广田的穿着实在很寒酸。那件蓝色粗布大褂已经洗得发白，好几个地方还缀着补丁，脚上穿着布袜、布鞋。从全身的装束一看，便知他仍旧没有脱除中学时代的那种“土气”。

固然，生活节俭，清苦淡泊，本是他多年来的生活习惯，但另一方面，却也是无可奈何之事，实在是由于经济条件甚为恶劣所致。这时已经成了名牌大学学生的李广田是没有任何经济来源的。李爸爸和王爸爸两个家庭都根本无法接济他什么，连他到北京考大学的路费都还是几个要好同学给他凑集的。进入大学前在两所小学教书的一年间所得到的微薄收入，现在也只剩下少得可怜的一点点了。

常言道：“忧患使人成熟。”的确如此，年轻无助的李广田，没有被贫困压倒。他一面节衣缩食，省吃俭用；一面抓紧分秒，刻苦攻读。本来他从小就出身农家，生活给予他的，不是贫苦就是艰难。步入大学之前，他早已走过了一条由贫苦和艰难铺成的坎坷道路。他饱尝过生活的苦涩，体味够贫困的辛酸。他始终未向贫苦低过头，未向艰难弯过腰。相反，贫苦和艰难有力地磨炼了他，使他变得结实和坚强；贫苦和艰难很好地滋养了他，使他有勇气、有力量去搏击人生道路上的狂风恶浪。

现在，从小就逐步养成了的这种自强自立的信念，也促使着他顽强地对付大学生活这又一个新的难关。他一边珍惜时间发愤读书；一边既作为写作练习又作为谋生的手段——他开始向报刊投稿，取得一点稿酬解决吃饭问题，维持一种最低水平的生活，使自己得以继续求学深造。

这样的写作练习，对于此时的李广田来说，远远不仅是一种经济观点指导下的权宜之计，更主要的，是在于他已经有着曾被压抑之后又重新培养成的浓厚的文学兴趣，他的天资与文学尤其接近，此时的他，实在是无法搁下这支写作的笔了。如今，他既有较为丰富的生活经历和感受，又有一定的文化水平为基础，就像既有土地又有了种子一样，具备了耕耘的基本条件。他立志要在文学园地辛勤地耕耘了。他开始用散文和诗歌来记录下自己的亲身经历和所见所闻，来表现自己的爱憎热情和思想情绪。他在艰难的文学创作道路上起步了。

俗话说：“不问收获，只问耕耘。”不过，一般说来，只要播下种子，多流汗水，辛勤耕耘，收获就总是会有的。哪怕最初的收获也许相当微薄，或者收获的时候既有谷子也有稗子……总之，会有收获的。

1930 年 2 月 27 日，进北大预科才半年的李广田在《华北日报》副刊上第一次发表了两首新诗——《寂寞》和《酒馆里》，署名“曦晨”。第一次发表诗作，对于年轻的李广田来说，引起了心灵上强烈的震动！暗地里，兴奋的泪水模糊了他的双眼……须知这是一个无依无靠，几乎赤贫的青年，背井离乡，求学于千里之外而得到的第一次文学创作的“收获”啊！自己的诗作第一次在《华北日报》这样的大报上得到发表。这本身已经够使一颗热爱文学的心跳荡不已了，加之还寄来了稿酬，这于生活又大有裨益。因此，无论从精神上还是物质上，对于李广田都是一种兴奋剂。尤其是精神上，他所得到的鼓励和鞭策，确是相当大的。

从这时开始，“曦晨”也便成为李广田最常用的笔名。有时他也在“曦晨”前面加上姓，署名为“李曦晨”。20 世纪 30 年代的不少作品他是用笔名“曦晨”“李曦晨”或用他的字“洗岑”发表的。为什么取“曦晨”这个笔名呢？他没有为人们留下任何说明。不过，据李广田的性格特点和当时的处境以及他那时的情绪推测，当是起码包含下列两个因素的：一是因他的字为“洗岑”，谐音“曦晨”；二是以自己的坚忍精神对生活抱有美好的愿望，感到自己生命之路正长，有着广阔的前程，而这时是刚迈出第一步，正如同一日的清晨一样。

紧接着，《华北日报》副刊又于 3 月 5 日、6 日接连发表了李广田的两首诗作——《夕阳里》和《向往的心》。看着报纸上自己的印成铅字的作品，搞文学创作的自信心是会油然增强的。李广田从此更勤奋地练习起写作来。

最初的这几首诗作，是表现作者当时既感寂寞，又含有美丽幻想而有所追求的那种多感的心情的。因为感受真切，加之文字朴实，不堆砌词藻，不故弄玄虚，所以能使人读后感到作者真实情怀的流露，从而引起内心的共鸣。李广田最初的这些诗作，初步显示了一种新鲜、朴实、浑厚、亲切的文风。

李广田的第一首新诗是《寂寞》：

我常是低着头儿，
暗数着自己的脚迹。
满地上雪泥残冻，
——一年的收获如此！

我常是抬起头儿，
怅望着灰色的四壁。
屋角里织满了蛛丝，
——生命呵，已经是如此！

我常是捧着心儿，
轻轻地问着自己：
“你究竟为了什么，
奔着这寂寞的长途？”

我静静地期待着回答，
只听到几声叹息。
我紧紧把心抱起，
它在我怀里饮泣。

这首诗，是作者当时心境的真实写照。他在“东斋”那狭小昏暗的宿舍里，默默地“只是过着一种小圈子主义的生活，朋友少，趣味狭，所读的书也只属于极狭隘的某一小范围”，整日被笼罩于一种寂寞的氛围当中。作为这种心境的写照，《寂寞》一诗是有感染力的，尤其对于那些经过大革命失败之后正陷入一种消沉境地的青年们来说。这首诗格调清新，诗意流畅，气质浑厚，联想自然。李广田发掘生活的本领、驾驭语言的技巧、想象丰富的特点，在这诗里得到初步的显露。

不过，寂寞归寂寞，李广田内心中对生活的追求，对前途的向往却是执着的。

幻想之光并没有在他心中泯灭。继《寂寞》之后所作的《向往的心》便是他用象征手法来含蓄地表达自己追求的诗章：

自从伊深夜叩过我的门，
我已禁不住我的向往的心。
“到伊那里去吗？”
我常是这样自问。

今夜又是这样的狂风，
沙粒迷坏了我的眼睛。
我痴痴地受着无名的牵引，
无端地在伊的窗前逡巡。

窗上的灯光退隐，
窗上的幔子沉沉。
我凄凉地伫立在窗前，
我幽幽地低声呻吟：

“夜安呵，祝福你寻梦的人，
我可曾惊扰了你的梦魂？”
我低声呻吟着离开窗前，
我深深地踏下几个脚印。

“就如此回去吗？”
我这样自问。
只听得沙粒打着窗纸，
狂风吹彻了我向往的心。

李广田在这首诗中，借“伊”来象征他要追求的“前途”“理想”，含蓄地表达出内心里难以遏制的渴望和情绪的激荡。他再怎么也“禁不住”“向往的心”，任环境如何艰苦，任条件怎样恶劣，他总要（也总在）做着不懈的努力：在“伊”的窗前，“深深地踏下几个脚印”！他也心知理想和前途的追求是相当不易的，但他却不甘心——“就如此回去吗？”这个自问中充溢着的正是他历来的那种不甘停顿不愿退步的进取精神。

也正是这种进取精神，在推动着他顽强地生活，在推动着他勤奋地写作。他的作品不断地出现在《现代》《华北日报》等报刊上。仅仅读预科期间，他在《华北日报》副刊上发表的诗、文就有20多篇。“对于这些东西，当然不自满足，但确乎仿佛有了自己的小天地，因此也就忘了外面的大天地，当我关在书房里捉摸自己的情感和文字时，外面的暴风雨却正在进行着。”（《自己的事情》）

第二章

文坛新秀

第一节　诗从戴望舒

在大学里，李广田主要学习的是英文、法文。学英文的学生按课程的规定要读莎士比亚的作品，要读狄更斯的小说，要读以拜伦、雪莱为代表的19世纪浪漫主义诗歌，要读梅瑞狄斯、哈代、萧伯纳、高尔斯华绥、威尔斯、巴特勒，要读王尔德。学法文的要读雨果、卢梭，要读巴尔扎克、司汤达，要读波德莱尔，要读魏尔伦、韩波。从大量接触的这些西方文学作品中，李广田“颇受了西方的尤其是‘浪漫派’‘颓废派’‘象征派’之类的影响”。因为他当时的际遇、心境、情绪，与法国19世纪“浪漫派”“颓废派”“象征派”诗人们的际遇、心境、情绪有许多相近的地方。

19世纪初的法国，大革命的狂飙，拿破仑军威的闪电，一眨眼就飞驰而过，使人们感觉到社会的荒凉，人生的寂寞。而青年们呢？这些不安定的灵魂患着以彷徨幽郁为特征的“世纪病”，苦闷而不知道原因，寻求而无明确目的。他们无处着落的满腔热情，便自然地挟着无穷的想象倾泻到诗里来，继而打破了不适于抒发这种热情和想象的那种古典主义形式的旧框架，形成春花怒放的浪漫主义诗坛，成为法国诗的黄金时代。这些浪漫主义诗人的诗都以抒情为主，向爱情里找寄托，向大自然里找安慰。

到了19世纪50年代，浪漫主义的热情激发时期过去了，诗人们的心情仿佛由疲乏而入于宁静。他们对于资产阶级的庸俗生活是深恶痛绝的，但是斗争的意志日益消沉。他们看破人生，看破一切，纷纷逃避到艺术中去。

巴黎公社革命之后，民众特别是资产阶级知识分子，看到科学发展而社会穷困。科学信仰的破灭，在人们心灵里造成了一种新的空虚。于是宗教乘虚而入，宗教的宣传使人钻进唯心主义的死胡同里盲目摸索，愈摸索，愈苦闷。这种精神恐慌到19世纪80年代，在诗坛上产生了象征主义。这些彻底唯心主义的“象征派”诗人们，不但没有了任何斗争意志，也没有了任何理想。他们写环境、写事实，只能利用象征，写一刹那的那种微妙而飘忽的感受……

而当时怀着满腔热情投入1927年大革命的李广田，随着大革命狂飙的飞驰而过，不也是同样的“苦闷而不知道原因，寻求而无明确目的”？横遭军阀逮捕幸而获释的经历，不也使得他同样“看破人生，看破一切”？于是，很自然地，李广田也是把无处着落的热情挟着丰富的想象倾泻到诗里来，在对往昔的回忆中找寄托，向大自然找安慰。于是，李广田也欣赏起“为艺术而艺术”的法国“巴拉斯派”的信条来：“一切都过而不留，唯艺术独有千秋。”

“心有灵犀一点通”，李广田于当时那样的际遇、心境、情绪之中，接受“浪漫派”“颓废派”“象征派”之类的影响，就成为极可能而又极自然的了。

正是在这一类影响之下，李广田在艺术探索的道路上起步了。他潜心于诗歌习作之中，不断地、用心地捉摸着自己的感情和文字，迫切地、努力地寻求着表现自己感情的最好的、最合适的形式。

而此时国内的诗坛上，新诗流派众多。其中，以闻一多、徐志摩为代表的“新月派”、以李金发为代表的“象征派”和以戴望舒为代表的“现代派”都是深受西方唯美主义影响，主张艺术至上的新诗流派。“象征派”的主要代表李金发曾留学法国，深受法国“象征派”的艺术熏陶。李金发“象征派”的思想、艺术倾向，影响到以戴望舒为代表的“现代派”。戴望舒早期的诗作也是深受法国“象征派”诗作影响的。1925年，戴望舒在上海震旦大学学法文，能直接阅读法文作品。他直接阅读了魏尔伦、古尔蒙、耶麦等“象征派”诗人的作品。过去他也曾浏览过其他流派的诗歌，可是“象征派”重视运用象征和暗示的手法，借助鲜明的形象来表现诗人复杂的内心活动等，却合乎他的口味，符合他的写诗既要表现自己又要隐藏自己的看法，这使他喜爱“象征派”诗歌，并接受了它的深刻影响。同法国“象征派”那些诗人一样，早期的戴望舒也是一个“除了艺术以外，什么事物都不承认”的唯美主义者。

“新月派”“象征派”“现代派”诗人们的诗作大都是抒发个人的沉哀和烦扰，抒发对现实的绝望、伤感和颓废的情绪，字里行间弥漫着“世纪末”的气氛，但是，艺术造诣却都比较高，写得很有特色，艺术感染力较强，因而对于当时想要回避现实的许多文学青年产生了很大影响。而对于与法国“浪漫派”“象征派”“颓废派”，“心有灵犀一点通”的李广田来说，则更不啻为可供直接效法的楷模。李广田可谓“如鱼得水”，找到了信奉“唯艺术独有千秋”的国内的宗师，认真地效法起来。无论是在创作态度方面，还是主题表现、题材选择方面，抑或是创作技巧、艺术手法方面，李广田都无不有所借鉴，从中吸取了有益的养分。

以李金发为代表的“象征派”和以戴望舒为代表的“现代派”都十分重视形象思维，极力避免空洞说教和泛泛陈述，在艺术方法上也有新的开拓。他们的一些表现手法如注重联想、暗示、烘托、对比、渲染，讲究新奇的比喻，善用拟人法等。既吸取我国传统诗词的营养而又竭力摆脱古典诗词的束缚，既借鉴外国文学的技巧而又竭力避免欧化倾向。力图建立合乎中国传统欣赏习惯的民族化的新诗方面的尝试，给予李广田很大的启发。

而在上述新诗流派代表诗人之中，戴望舒似乎对李广田最具有吸引力。他诗中那种合乎中国旧诗词主要传统的亲切和含蓄的特点，甚合李广田的胃口，李广田对戴望舒深为佩服，在他的好朋友们面前一再称道戴望舒“诗的味道最浓，法语水平最高”。李广田身体力行，用心学着戴望舒的风格写诗，不断在以戴望舒为旗帜的《现代》文学杂志上发表诗作。

李广田早期诗歌中的一些“少年作”，似乎便是在模仿戴望舒的诗作。因为“构成望舒的诗的艺术的，是中国古典文学和欧洲文学的影响。他的诗具有很高的语言的魅力。他的诗里的比喻，常常是新鲜而又适切。他所采用的题材，多是自己亲身所感受的事物，抒发个人的遭遇与情怀。”①这些特色，都正是具有李广田当时那种文学素养、兴趣要求、性格特点、思想感情的人所最易于受到感动产

①艾青：《戴望舒诗选·序》。

生共鸣、最易于接受学习的。李广田也有着较好的古典文学基础，也喜爱欧洲文学，也好采用“亲身所感受的事物”为题材，也热衷于“抒发个人的遭遇与情怀”……这真是一拍即合，无怪乎李广田对戴望舒热心“模仿”了！

在《雨巷》这首诗里，戴望舒创造了一个丁香一样结着愁怨的姑娘的象征性的抒情形象，这是受了古代诗词中某些作品的启发的。中国古代诗词中一个传统的表现方法，便是用丁香结来象征人们的愁心，如李商隐的“芭蕉不展丁香结，同向春风各自愁”（《代赠》）；南唐李璟的“青鸟不传云外信，丁香空结雨中愁”（《浣溪沙》）等，均是做此象征之用的。戴望舒从这类诗词中吸取了描写愁情的意境和方法，用来构成《雨巷》的意境和形象。

李广田则模仿《雨巷》写出了自己的《丁香》：

寂寂的深院，长的回廊，
只有这一株白的丁香。
她披着阴暗的，阴暗的衣裳，
她结着幽怨的，幽怨的芬芳。

绿的叶子渐渐地老了，
白的丁香也穗穗地凋亡。
消逝了幽怨的，幽怨的芬芳，
却依然是那阴暗的，阴暗的衣裳。
寂寂的深院，长的回廊，
丁香树上的燕子成双。
他们喃喃地似在细语，
好像说：“人间的青春总是这样！”

显而易见，李广田这首《丁香》是有着多少《雨巷》的影子啊！无论是艺术的构思、象征的手法和抒情的意境，还是节奏和旋律，可以说都是相似的，而韵脚甚至是相同的!

两首诗都是在低沉而优美的调子里，抒发作者浓重的失望、彷徨情绪的。两者都有富于浓重的象征色彩的抒情意境。对当时的黑暗而沉闷的社会现实，《雨巷》的作者把它暗喻为悠长、狭窄而寂寞的“雨巷”，《丁香》的作者则把它暗喻为“寂寂的深院，长的回廊”。《雨巷》作者想象了一个如丁香一样结着愁怨的姑娘，这个形象包含了作者理想幻灭的痛苦，而《丁香》的作者，则直接以丁香为抒情形象，表现自己理想幻灭的痛苦。

《雨巷》共七节，头节和末节几乎全一样；《丁香》共三节，头节和末节的首句也一样。这种起结复见，首尾呼应，使同一主调在诗中重复出现，以加强全诗音乐感的手法在两诗都是相同的。另外，两诗都是大体在相隔不远的行里重复一次韵脚，每节押韵两到三次，全诗从头至尾不换韵。

两诗还都押同一个韵，而且都是使一些同样的字在韵脚中多次出现。《雨巷》中的是，诸如“雨巷”“姑娘”“芬芳”“惆怅”等；《丁香》中的是，诸如“回廊”“衣裳”“芬芳”等。这样有意地使一个音响在人们的听觉中反复，便造成一种回荡的旋律和流畅的节奏。

此外，为了强化全诗的音乐性，两诗都运用了在同一节诗中让同样的字句更迭相见这种外国诗歌技法，《雨巷》中如：

在雨中哀怨，
哀怨又彷徨；
她飘过，
像梦一般地，
像梦一般地凄婉迷茫。

《丁香》中如：

她披着阴暗的，阴暗的衣裳，

她结着幽怨的，幽怨的芬芳。

这种语言上的重见、复沓，像交织一起的抒情乐句反复一样，听起来悦耳、和谐，又加重了诗的抒情色彩。

当然，两诗也有一些不同的地方。《丁香》每节四行，不同于《雨巷》每节六行；《丁香》每行字数不像《雨巷》那样参差，而是较为整齐；《丁香》的句子稍长，不像《雨巷》多为短句，且有些短句还切断了词句的关联……而最主要的区别则在于：第一，《丁香》的结尾，作者借燕子之口点明主题："人间的青春总是这样！"可谓卒章显志；《雨巷》却自始至终都是含蓄蕴藉的。第二，《丁香》不像《雨巷》那样有一个具象征意义的"结着愁怨的姑娘"作为抒情形象。但是，在《丁香》里没有的这个"姑娘"，李广田却把"她"移到《在这夏天》一诗中作为抒情形象而让我们看到了：

在这夏天，
生命正在饱满，
我思念着
秋天。
它是那样朴素，
那样哀婉，
似一个乡下姑娘，
棕色的
披一件粗布长衫。
她披着粗布长衫，
叹息着
抱一只破旧的琵琶，
走过我的窗前，
走过了旷野
荒山。
她弹着——
脚下枯叶的细语，

牧羊人的短笛，
伴着归雁，
还有那远风送来的渔歌，
来自芦岸的
江上的篷船。
她的歌子是和谐的，
同着我的气息，
我的饥饿的生命之管弦。

这首诗中，李广田把秋天比拟为一位“朴素”“哀婉”的披一件棕布长衫的“乡下姑娘”，这位“姑娘”从抒情主人公“我”的窗前走过，“披着粗布长衫”，“叹息着，抱一只破旧的琵琶”；而《雨巷》中那位丁香一样的“姑娘”也是从抒情主人公“我”的身旁飘过，“冷漠、凄清，又惆怅”“又投出太息一般的眼光”……这两个“姑娘”具有象征意义的抒情形象，是何等类似，何等相仿！尽管存在着很多字句、结构上的不同，但就整个的艺术构思、意境构成、抒情形象的创造等方面而言，《在这夏天》一诗大有脱胎于《雨巷》的痕迹。

在李广田艺术探索的道路上，戴望舒的诗以其综合西方“象征派”的影响和中国古典诗词的艺术养分而形成的艺术特色，给予李广田早期诗作的影响是较为深刻的，多方面的。李广田早期诗作主要就是师法戴望舒，其风格与戴望舒诗作的风格是接近的，两者有着许多相通之处，诸如：构思的灵巧、精致，选择朴素的题材，比喻的新鲜、贴切，语言风格的平易、晓畅，日常口语的锤炼，自由的节奏和韵律，善用反复的咏唱构成诗意的回旋……这些戴望舒诗作中甚为显著的艺术特色，也几乎都是李广田早期诗作中较为明显的特色。李广田也有点能像戴望舒那样“用精练而纯朴的手法去抒写他的真情实感，通过浓郁的诗情去开辟通往读者心灵的诗的道路，构成诗的艺术魅力”。

由于李广田身上具有一种戴望舒所没有的东西——北方农家子弟的气质，他的道路也不像戴望舒的道路那样“是中国的一个正直的，有很高的文化教养的知识分子的道路”，李广田是吮吸着农民的乳汁长大的，与劳动人民有着天然的联系。他不仅是农民的儿子，而且是大地的儿子，他对大地母亲怀有一种赤子之情,加之他的性格是敦厚而执着的,因而他的诗作中又显现出一种戴望舒诗作所不可能有的朴实浑厚的气质。李广田的诗作，感情不似戴诗细腻，而是较为粗犷;情调不似戴诗凄婉,而是内含热情;意境不似戴诗朦胧,而只是较为含蓄。可以说,李广田那种独特的气质,作为一个重要因素,促成了获得人们交口赞誉的那种真挚亲切、朴实浑厚、平易自然的诗歌风格的形成。

大概也正因为李广田是“一点也不勉强”地过于流露自己的真情实感,加之在语言的运用上较缺少简练干脆,虚字也使用过多,偶尔在白话里融会的文言和西语的词藻、句法显得略欠自然,还有形式有些松散等一些易于助长散文化的枝蔓的原因。故李广田的早期诗作，确如评论家刘西渭所指出的:“大半沾有过重的散文气息”,而“一首诗含有散文的成分,往往表示软弱”。这诚为李广田早期诗作的一个弱点,这种散文对诗的“羁绊”也许便是他的诗作最终没有赢得更高的评价的重要原因。

李广田的早期诗作既注意真实,也注重想象,确乎如戴望舒所提倡的见解那样:“诗是由真实经过想象而出来的,不单是真实,亦不单是想象。”李广田描写过梦,描写过幻想,幻想与真实之间的联系是微妙的,但也是永远不可缺少的。和西方的“象征派”相反,他对现实既不抹杀也不扬弃,超越而不否认。他总是在梦幻与现实间往返,绝不顾此失彼。恰恰是这种取材于现实的能力,引导他最终走上现实主义的道路。

第二节 汉园诗人

1931年秋，李广田由预科转入了本科外文系。这时的李广田，创作热情颇为高涨，可以说，他简直把一颗心都贴到了创作上。原本他就是“为了从事创作”才进入外文系的。

也就是这一年，何其芳进入了北大念哲学。何其芳是一个对诗歌创作有浓厚兴趣的勤奋的青年，正如他自己所说的那样：“最初引诱我走上了写作之路的是诗歌。”而且，也正是诗歌，作为一条纽带，把他同李广田、卞之琳紧紧地联系在一起。他们三人最初就是“以诗会友”而结识的，后来，他们成了终生不渝的挚友。

卞之琳是1930年进入北大外文系的，比李广田高一级。他与李广田、何其芳最初并不相识，到了1931年，彼此读了分别发表在不同刊物上的诗，才开始有了来往。卞之琳后来这样回忆他们的交往：

> 我是一九三一年被徐志摩拿去我先一年秋冬写的一些诗，未征询本人意见，就发表在他主编的《诗刊》上，亮出了我的真姓名。他们两人，据我所知，最初是在以戴望舒为旗帜的《现代》文学杂志发表诗作的，其芳就用他自己改成的这个名字，广田是用笔名“曦晨”，在别处他常用笔名“洗岑”。
>
> ……
>
> 我向来不善交际，在青年男女往来中更是矜持，但是我在同学中一旦喜欢了哪一位的作品，却是有点闯劲，不怕冒失。是我先到广田的住房（当时他和邓广铭同志合住）去登门造访的，也是我首先把其芳从他在银闸大丰公寓北院（当时到最后一院罗大岗同志那里去所必经的通道拐角处）一间

平房里拉出来介绍给广田的。[1]

而在何其芳的笔下,则是这样忆起卞之琳和李广田的:

就在这时候我开始和两位同学常常往还。这在我是很应该提到的事。因为我的名字虽排在这有千余人的学校的名册里,我的生活一直像一个远离陆地的孤岛,与人隔绝。而且这就是使我偶然写起散文来的因子。在那两位同学中,一个正句斟字酌地翻译着一些西欧作家的散文和小说,另外一位也很勤勉,我去找他时,他的案上往往翻着尚未读完的书,或者铺着尚未落笔的白稿纸……[2]

何其芳这里所说的前一位同学是卞之琳,后一位同学便是李广田。

开初,他们三人都是热衷于诗歌创作的。李广田与何其芳在写诗的同时,也写一些散文,虽然写得不很多,卞之琳却是专心致志地写诗。后来,渐渐的,李广田与何其芳都把主要精力转向了散文创作。而卞之琳仍然是坚持写诗,他始终辛勤地耕耘在诗歌创作的园地里。

他们三人在一起"是无所不谈的,而在文学方面,谈得较多的却不是诗的问题,而是散文问题。"卞之琳多年之后都还记得很清楚:

作为文学的一个门类,据我们当时的感觉,想到散文,就容易想到论文、小说、话剧、文学传记、文学回忆录、讽刺杂文、报告文学等等。随笔、小品文、《古文观止》式散文,我国历来就有,在今日的日本似乎也还有,到西方像英国十九世纪流行过一时的所谓"家常闲话"式散文(familiar essay),即在英国到今日也似少见了。我们三人当中,只有广田最初写的似还有这路文章的味道,我自己最不能耐心读,更不能耐心写这路文章。我们都倾向于

①卞之琳:《李广田散文选·序》。
②何其芳:《还乡杂记·代序》。

写散文不拘一格，不怕混淆了短篇小说、短篇故事、短篇论评以至散文诗之间的界限，不在乎写成“四不像”，但求艺术完整，不赞成把写得不像样的坏文章却推说是“散文”。广田最初有一个时期写散文最多，写得确有点像他自己要求的“行云流水”式，富有抒情味道，朴素、恬淡，而其芳最初也在这方面颇有突破，写得精雕细琢，浓郁、华丽。他们两个在这方面倾注了不少诗情、诗艺。①

何其芳也如此清楚地追忆道：

……于是我开始了不分行的抒写。而且我们（指作者与李广田、卞之琳）常常谈论着这种渺小的工作，觉得在新文学的部门中，散文的生长不能说很荒芜很孱弱，但除去那些说理的、讽刺的或者说偏重智慧的之外，抒情的多半流入身边杂事的叙述和感伤的个人遭遇的告白。我愿意以微薄的努力来证明每篇散文应该是一种纯粹的独立的创作，不是一段未完篇的小说，也不是一首短诗的放大。②

他们三人就是这样在互相的切磋砥砺中，在彼此的启发下，都注意到散文应该和诗、小说、戏剧一样，是独立、完整的创造，都致力追求艺术完整，倾向于写散文不拘一格。其中，卞之琳最初也尝试过散文习作，但毕竟他的天赋和兴趣是在诗歌创作上，故未在散文上做更深的追求，“不能耐心”地写下去。他全身心都投入在诗歌创作中，后来成为颇有影响的著名诗人。何其芳和李广田则是由写诗转入了写散文，以诗人的气质写散文，在散文中倾注进不少的诗情、诗艺。他们二人也不尽相同，何其芳“是在为抒情的散文发现一个新的园地”，自觉地为散文创作而努力，在“追求着纯粹的柔和，纯粹的美丽”；李广田却是用山东汉子那种浑厚的声调，低沉地长吟自己的“乡愁”，把他在自己那个“实在太狭，太小，而又太缺少华丽”的“朴野的小天地”里“所见到所感到的都写成文字”。

①卞之琳：《李广田散文选·序》。

②何其芳：《还乡杂记·代序》。

1932年秋，李广田读师范时的好朋友邓广铭，也考入北京大学历史系了。在李广田原本那狭小的生活圈子里增加了一位难得的好友。

邓广铭入校不久，就和李广田一道办起了一份同人文学小刊物《牧野》。对于李广田来说，这是第一次尝试性的编辑活动，一次有意义的文学活动实践。

创办《牧野》一事，起初是他们的一个同乡，在北京师范大学读书的王余侗发起的。当时，王余侗在师范大学读书的同时，还在孔德小学代课，每月能有三四十元钱的收入。他来找邓广铭、李广田商量，说可以用他每月的代课收入来办个小刊物。不过，王余侗办刊物的主要想法是要开辟一块属于自己的发言阵地，对山东教育界发表评论，对桑梓之地造成一些影响。可是，在与邓广铭、李广田商量之后，办刊的宗旨就变了。邓、李二人也同意一起办刊，但坚持要办成一个同人文学刊物。这样，王余侗也一改初衷，赞同如此办刊，并也写起这方面的文章来了。

办这个小刊物的就是四个年轻人，以邓广铭和李广田为主。一开始为取刊物的名字，几个年轻人还争执了一番，议决不下，最后确定用《语丝》取名的办法来定名。于是，信手拿了一篇文章摊开在桌上，眼睛不看，随意用手指下去，指着什么名就取什么名。都记不清是谁指的了，结果，所指到的是“牧野”二字。刊物的名字就这样确定了。说来也巧，这“牧野”之名还真能让人悟到一点儿山东的平原风味哩！

第一期《牧野》于1933年1月1日出版，发刊词是邓广铭所写，刊头字则是李广田题的。注明编辑的通讯处——“北京大学文学院邓广铭、李广田”。这第一期上就有李广田的散文和诗，何其芳和卞之琳也都支持了诗作和翻译作品。

这份同人小刊物算是“开张”了。倒也还兴旺，他们还摆在学校门口对外出售。《牧野》为铅印16开本，每10天出一期，每期16页，印数500份。这个印数在当时来说，已经是颇为可观的了。从内容来看，《牧野》不涉及政治，是一个纯文学刊物。在山东大学读书的老同学臧克家收到他们寄去的《牧野》后，认为“太偏于身边琐事了”。倒是废名比较器重这个小刊物，他和陈翔鹤都对李广田和邓广铭给予过鼓励。邓广铭、李广田不以臧克家的批评为然，倒因废名、陈翔鹤的鼓励而暗暗地在那里“自信人生二百年哩”！

李广田文学活动的成效是越来越显著了。除坚持把《牧野》办了12期外，他的散文作品和诗歌作品越来越多地变成了铅字，出现在《华北日报》《大公报》《文季月刊》等报刊上。

尤其是自沈从文1933年任天津《大公报》文艺副刊的编辑之后，李广田便逐步地跻身进“大公文艺”的班底作家之列。这应该感谢沈从文的慧眼识骏。在编辑文艺副刊的交往中，沈从文赏识了卞之琳、何其芳、李广田、萧乾等多位青年作者的才能，并且热情提携，创造条件，积极扶掖。这些作者都被文学界视为由沈从文扶掖起来的新秀作家。他们活跃在《大公报》文艺副刊上。沈从文和这些新秀作家结下了很深厚的编者与作者之间的友谊。

1934年，由郑振铎挂帅、章靳以独力编辑的《文学季刊》于1月1日创刊，卞之琳协助他看稿。有时，卞之琳也拉李广田、何其芳去协助看诗稿和散文稿。从《文学季刊》的创刊号起，李广田的作品就经常交《文学季刊》发表，几乎每期都有他的作品刊载。正如发刊词中指出的那样：许多作家有一个共同的倾向，都在“以忠实诚恳的态度为新文学的建设而努力着”，李广田实在也是这样努力着的——以一种“忠实诚恳的态度”。

1934年夏天，卞之琳大学毕业了。他又和章靳以合力编辑了一份《水星》月刊，同年10月出版第一卷第一期。这份杂志是由巴金、郑振铎两位大作家挂帅的。在主编人的名单中，除卞之琳、章靳以外，还有巴金、沈从文、李健吾、郑振铎等四位。李广田也是《水星》的班底作者之一，除了第一卷第五期没有他的作品之外，每一期都有他的作品登载，或文或诗。何其芳也是常给《水星》撰稿的班底作者。他谦虚地说——其实李广田与何其芳都是这样谦虚的——“为着在刊物的封面上多印一个题目显得热闹些，我几乎每期都凑上一篇。”

这种勤奋的写作实践，成就了李广田的文学业绩，使他还在读书期间就成为具有独特风格的青年作家。同时，从经济角度而言，勤奋刻苦地写作，也帮助他渡过了生活的难关。他含辛茹苦、自强不息地靠稿费维持了大学生最低水平的生活。

《汉园集》是卞之琳与李广田、何其芳在北京大学读书期间诗歌习作的一部合集，原计划 1934 年出版。当时，郑振铎编《文学研究创作丛书》，要收卞之琳一本诗集，并已登了预告。卞之琳正好把何其芳与李广田当时的诗全拿来合编成这本诗集，取了一个有意味的名字《汉园集》。集子中李广田那一部分诗名叫《行云集》；何其芳那部分名叫《燕泥集》；卞之琳那一部分定名《数行集》。可是，这本《汉园集》到了 1936 年 3 月才出版，其中不仅错排很多，而且把卞之琳写的一个短短的《题记》给印丢了。

卞之琳后来自印了一个书签夹在每一本书里，书签正面是被印漏了的《题记》，背面是勘误表。《题记》的全文如下：

> 这是广田、其芳和我自己四五年来所作诗的结集。我们并不以为这些小玩意儿自成一派，只是平时接触的机会较多，所写的东西彼此感觉亲切，为自己和朋友们看起来方便起见，所以搁在一起了。我们一块儿读书的地方叫“汉花园”，记得自己在南方的时候，在这个名字上着实做过一些梦，哪知道日后来此一访，有名无园，独上高楼，不胜惆怅。可是我们始终对于这个名字有好感，又觉得书名取得老气横秋一点倒也好玩，于是乎《汉园集》。

大学生李广田的心境是复杂而矛盾的，他的心里一方面充满了幼稚的苦闷和寂寞的哀伤，另一方面也包藏着渺远的幻想和美好的渴望；一方面对人生蕴含着热爱，另一方面又对人生强烈地不满。在这种复杂矛盾的心境之中，他又入的是外文系，大量地接触了外国文学作品，尤其是欧洲 19 世纪的弥漫着“世纪末病”的作品。这些作品一方面扩充了他的视野，提高了他的文学修养，但也传染给了他悲观、颓丧的气息。他与这些作品中那种由于“对于人生的热爱与不满”而表现出来的情绪产生了共鸣。这些作品中的唯美主义、为艺术而艺术的倾向，也给了他较严重的影响。他把自己关在大学那狭小昏暗的宿舍里，捉摸着自己的感情和文字，忘却了外面的大天地，时代、形势的急剧变化都没有激起他的多少震动和反响。

《汉园集·行云集》分为三辑。李广田把他1933年秋天到1934年写的《秋灯》《窗》《流星》《访》等几首放在开头作为第一辑，这大概是诗人自己比较满意的一辑。第二辑中的诗写于1931年至1933年春，第三辑的诗均写于1934年。

写于1933年春天以前的那些诗作，是一个心里充满了幻想、充满了梦，然而又始终忘不了故乡的有志青年的内心抒唱。这里，有幼稚的欢欣，有寂寞的伤感，更有难以排解的乡愁，还有执着的向往和追求。李广田以其特有的气质，凭借从周围事物触发的灵感，捕捉了一些蕴含诗意的景或物，再加以自己丰富的想象，使之成为浸透自己感情的形象，潜心编织成了这些诗章。彻响在这些文字朴厚、不事雕琢的小诗里的，是一个北方男儿发自内心的深厚、低沉的长吟。

我可是一辆负重的车，
装满了梦想而前进？

——《第一站》

这两行诗句兴许可以作为李广田这一阶段，苦闷而又充满了幻想的矛盾心境的典型写照。艰难的生活经历，使他备尝人生道路的坎坷，使他懂得生活担子的分量。此时，在人生的长途上，他正满负着生活的重荷在艰难地行进着。然而，此时的他却是怀着一种生活的热情的。青春的血液在他的血管里奔突，他仍然有他的向往，有他的幻想。可是，前途是何其邈远呵，他的热情被冷酷的现实压抑着，无处可以奔注。于是，他心里一片迷惘……他在诗中娓娓诉说着自己的追求和苦闷，他敞开了心灵的窗户，坦率地承认这种内心的迷惘：

没有人知道这梦的货色，
除非是
头上的青天和湖里的水。

我知道铁轨的尽处是大海，
海的尽处又怎样呢？

沿着铁轨向前走，
尽走，尽走，
究竟要走向哪儿去？

然而，迷惘归迷惘，从诗行里流露出来的，更多的却还是坚定和勇气以及执着的向往。迷惘而不哀伤，这正是此时的李广田不同于其他一些脆弱的小知识分子的地方。李广田的性格是坚强的、执着的，虽然说不清楚“究竟要走向哪儿去”，但是，他却一再表示要“尽走，尽走”，“海是一切川流的家，且作这货车的第一站吧”。潜藏在诗行里的，其实正是一种坚强的、执着的、终将一直走下去的奋进精神。他虽然像“一辆负重的车”艰难地行进着可是却“装满了梦想”。

《向往的心》一诗，更可以看出作者是采用象征的手法来寄寓自己对理想、对前途的追求的。诗歌表现出作者素有的那种不惧“狂风”、勇于进取的“山东精神”。在抒写这种实为追求的“幻想”的同时，李广田也不时流露出寂寞的伤感。如果说情人和春天很近，而一个寂寞的诗人却更体味其“秋黄”。李广田和传统的诗人一样，对于秋有着一种特殊的敏感。他是那样一再地思念着秋天，咏唱着秋天。他向秋天唱出自己的心曲，他找秋天为自己的知音，他借秋天作自己的写照。

还有其他一些诗作，从题目上都可以看出李广田对秋的感情的密切，如《秋的歌者》《秋的味》等等。他对秋甚至敏感到这样的地步：

谁曾嗅到了秋的味？
坐在破幔子的窗下，
从远远的池沼里，
水滨腐了的落叶的——
从深深的森林里，

枯枝上熟了的木莓的——
被凉风送来了,
秋的气息?
……

——《秋的味》

现实是那样的严峻,气氛是那样的凄清,李广田的心情一阵紧似一阵的寂寞。于是除了诉说、忧虑和慨叹之外,他精神的丝缕牵着已逝的时光,沉于思乡的梦中,一再低沉地长吟起自己的乡情来:

在这座古城的静夜里,
听到了在故乡听过的明笛,
虽说是千山万水的相隔罢,
却也有同样忧伤的歌吹。

偶然间忆到了心头的,
却并非久别的父和母,
只是故园旁边的小池塘,
萧风中,池塘两岸的芦与荻。

——《乡愁》

表达这一类思乡情怀的诗,还有《夕阳里》《异乡》《归的梦》《过桥》等。李广田对故乡那种深沉的眷念之情,无时不执着地顽强表现出来。许多很平常的事物、景物,对于一般人来说,不会引起什么联想,可是对于李广田来说,却能很快触发他涌起一阵深沉的思乡情绪的波浪。当听到“在故乡听过的明笛”,他会马上忆起故园“池塘两岸的芦与荻”;当看到“遍地榆钱”和“垂柳成行”,他顿时想到故乡的“绿野”和“丘岗”(《异乡》);当听到“飞出了短墙”的“歌声”,他便忆起“垂髫的阿妹”“那天真的模样”(《异乡》)……他总是一次又一次地做着“归的梦”:

梦里所见的是当年的欢欣,

那许多故事都演过
在祖母面前和这美的乡村。
——《归的梦》

然而，难能可贵的一点是，李广田把对故乡的念恋之情，融入对大地的感情之中，升华为对大地母亲的一种人子般的爱——尤能表明他这种感情的当推《地之子》一诗。

他那种对大地母亲的人子般的深情，在这首深厚有力的诗里袒露无遗。他表示："我愿安息在这土地上，在这人类的田野里生长，生长又死亡。"而最能表露他的心迹的，却莫过于这两行坚实有力、感情凝重的诗句了：

但我的脚却永踏着土地，
我永嗅着人间的土的气息。

这两行诗句是李广田以极朴实的文字，把自己的气质、感情和创作个性作了高度艺术概括的表现。

我们看到，处于这一阶段的李广田，就是这样一面咏叹着寂寞，抒发着"乡愁"，一面则描绘着追求的幻想，表达着进取的意志，流露着对生活的热情，甚至还时而闪烁出乐观的火花。之所以能够这样，大概因为他毕竟是农民的儿子，毕竟是实在地脚踏着大地的缘故。他吮吸着大地母亲哺育的乳汁，呼吸着泥土散发出的芬芳气息，他的心底对生活仍然是满腔热爱着的：

把一粒笑的种子，
深深地种在心底，
纵是块忧郁的土地，
也滋长了这一粒种子。

笑的种子发了芽，
笑的种子又开了花，

花开在颤着的树叶里，
也开在道旁的浅草里。
——《笑的种子》

《汉园集·行云集》的第一辑和第三辑都写于1933年秋到1934年间。如果说，前一阶段的那些诗章里，还有着不少幼稚的欢欣和幻想的清光的话，那么，这后一阶段的诗作则已是充满着很大的苦闷和深沉的寂寞了。如果说，前一阶段诗作的基调是以幻想为主、苦闷为辅的话，那么，这后一阶段诗作的基调则变得苦闷为主、幻想为辅了。虽然和前一阶段比较起来，李广田的世界观和文艺观并没有多大的变化，然而，现实的鞭子却越来越重地不断抽打着他，生活中不幸的阴影越来越浓地笼罩在他的心头，不由得使他长叹：

在孤寂中，我却是有一点寒冷。
咫尺的灯，觉得是遥遥了。

这两行诗句是第一辑第一篇《秋灯》的最后两句。它不啻为一个信号，在向人们表明，李广田的思想感情已经开始发生了较为显著的变化。

“日边清梦断”，大约就是从这1933年的夏天起，李广田不再去幻想歌咏梦了。那些美丽的幻想开始让位，他陷于一种真正的寂寞和悲哀的苦闷中。现实与幻想的矛盾煎熬得他难受，人们生活的可怜使他痛苦。他非常不满意眼前的现实，却又找不到一个肯定的结论，找不到一条正确的出路，彷徨和忧郁一阵紧似一阵地袭向他的心头，他哀伤地吟道：

我则对了苍白的纱窗，而沉默，
怅望着窗外：一点白云和一片青天。
——《窗》

这两行诗句所表现的情绪，便是李广田在这个阶段的典型的情绪。这种情绪弥漫在他的诗作里。他不仅忧郁地看到“我的绿纱窗是褪成了苍白的”，而且，他甚至凄冷地感到“如今，我成了一座秋的园”，处于这样的心境，他自然只能写出

《秋灯》《旅途》《夜鸟》《流星》《访》《那座城》之类的诗章了。他怀着苦闷、怅惘的情绪去咏叹“一颗流星，坠落了，随着坠落的，有清泪”（《流星》）；去细听夜鸟那互相“招呼着：‘欧，啊欧，来——’”的叫声（《夜鸟》）；去感慨那“听午鸡可还啼不？珠泪花发，眼底已尽成云影了”（《访》）……他尽力地在捕捉能寄托自己感情的形象，去搜索意境，借以抒发自己的悒闷和愁绪。他会注意到“一个金甲虫在灯球上吻”，而自己也“想去一吻那灯球了”，这究竟为什么哟？诗人禁不住自问：“是中年人重温的友情呢？还是垂暮者偶然的忆恋？”（《秋灯》）当听到夜鸟的叫声，他又会想到：“天上有黑云，树上有枯叶，慢慢地，我自向黑暗里埋，深些，更深些。”（《夜鸟》）看到去访的主人家挂在墙上的剑，诗人会由此感叹：“依然一江秋夜月，可惜已没有起舞之意了……”总之，弥漫在这些诗行里的，不外乎是苦闷、哀伤的愁雾。先前那种幻想的清光已经少得很可怜了。

然而，处于苦闷、哀伤中的李广田却仍然没有忘记怀乡，或者说，苦闷和哀伤使他更怀念故乡。他这一阶段的诗中仍有一些是表现深沉的怀乡情绪的。读着这些诗章，我们不禁发出阵阵感叹：李广田的故土之情是多么执着哟！他的乡愁是多么难以剪断哟！

不知是谁家的高墙头，
粉白的，映着西斜的秋阳的，
垂挂了红的瓜和绿的瓜，
摇摆着肥大的团扇叶，苍黄的。

这是《旅途》一诗中，作者先捕捉瓜和叶这两个很平常的形象，给我们描绘出的一个画面。紧接着，作者马上由此产生了想象，精神的丝缕立刻牵到了对故乡人的怀念上：

像从远方的朋友带来的，好消息，
怎么，却只是疏疏的三两语？
声音笑貌都亲切，
但是，人呢，唉，人呢？

这种怀乡情绪总是萦绕在作者的脑际，只要一有机会，他就会极自然地又颇执着地表露出来。在《访》中他吟道：

但是，我还有什么豪兴，
远行者永怀一求栖之心……

在《流星》中，他又情深意切地表示：

想一些辽远的日子，
辽远的，砂上的足音……

读着这样的诗，我们不得不承认，自己的心弦被一阵阵地拨动了。这样的诗，能激起我们的同情，能牵发我们温馨的回忆，还能引动我们产生一连串的思维，我们也和作者一道，在“想一些辽远的日子，辽远的，砂上的足音”……

人们都说，忧患是会使人逐渐成熟的。的确是这样，李广田在苦闷之中加强了思索，他在探求，在扩充自己的视野。我们发现，在仍然着重抒写自己感情生活的同时，李广田在后一阶段的诗作中，已经露出寻找一些自己感情生活以外的新题材的端倪了。

写于1934年的《上天桥去》，是《汉园集·行云集》第三辑的最后一首诗。从写作时间看，也是本阶段的最后一首诗。这首长诗写一位爸爸带着做梦都想去看天桥的孩子，在途中和天桥的所见所感。孩子知道什么是天，什么是桥，就是不曾见过“天桥”。孩子听说过“雨天的彩虹是上天去的道”，于是，幼稚的头脑里便出现美好天真的想象——“天桥该不是晴天里一道虹吗？”当爸爸告诉他天桥快到了的时候，孩子的心还在跳呢！可是，到了天桥一看，怎么天桥竟然是这样的呢：

这里的人们都带着笑，
（苦笑吧，又有谁知道呢？）

什么地方谁装笑，装笑又装哭了，
说要向老少们讨一个饱，
嗓子喊哑，腰也弯成弓了，
地下吗，谁还管地下的黑管道呢！
一双脚，紧跟着一双脚，
孩子的破鞋要踩掉了。
黄脸、脏脸，死海上的泡沫，
荡着、荡着，纵有风也不能荡出天桥。

这就是天桥！就是孩子朝思暮想的“天桥”！从这首诗里不难看出，李广田已经开始注意生活的现实，他努力扩大着自己的视野，并且已经开始在诗中描绘现实生活的阴影。他不再是一个完全沉湎于个人休戚的咏叹中那样一位“秋的歌者”了，他已经在开始寄同情于苦难的劳动大众一边。这对于一个曾经在寂寞、幻想、苦闷、忧郁中徘徊良久的小资产阶级知识分子来说，对于一个受西方“浪漫派”“颓废派”“象征派”文学强烈熏陶的“秋的歌者”来说，这是一个有意义的值得注意的进步，这一进步正是促使他在下一时期里发生较大转变的积极因素。这一进步向人们表明：李广田在现实生活的启发教育下，已经初步发现了自己的正确道路，开始向过去那种个人主义的苦闷哀伤、烦悒低回的心情告别，迈步向着健康的现实主义大道上跨去。

第三节　文从周作人

李广田1929年进入北京大学预科班后，遇上了周作人。这在李广田的文学创作道路上，实在是意义匪浅的一个重要机缘！

1929年秋天，北大复校，周作人也回到了北大开办日文预科班，并教其他系学生的日文，开“日本作品选读”课。后来还给国文系开了一门“近代散文”课，讲明清散文。李广田即从周作人学习日语，并听他的“日本作品选读”课，后来又听他的“近代散文”课。

李广田曾在《自己的事情》这篇重要的自传材料中讲到读大学期间，“对于鲁迅的小说虽也喜欢，但受影响最大的还是周作人一派所提倡的散文小品”。周作人给予李广田的影响，可以追溯到更早一些。那是还在济南读山东省立第一师范的时候，才从乡下进入省城不久的前期师范生李广田有幸听到周作人的讲演。当时校长王祝晨先生为开拓学生的眼界，启迪学生的心胸，延请了不少名士来学校讲演，其中就请了周作人来讲文艺问题。这样一位鼎鼎大名的现代散文大师，那时在少年李广田的心里，是近乎偶像的，得以亲瞻周作人的风采，对于“齐东野人”来说，实在是难得的机会。好不容易挤在同学群中听了周作人的讲演，可是却无法接近。在一个农村来的中学生与如此一位声誉卓著的大名人之间，是横着一条无法逾越的鸿沟的。于是乎，那时的李广田对周作人只不过是能站得远远地表示一番钦佩罢了。

但是，周作人讲演的内容却多半刻在了少年李广田的心上，尤其是他很感兴趣的一些问题，十年之后都还难以忘怀。并且，李广田之所以在考上北京大学后能对怀特的《塞耳彭自然史》产生兴趣，就是因为觉得它是与周作人十年前著文介绍过的法布尔的《昆虫记》一类的文章。李广田正是由此才喜欢起怀特来的。

法布尔这位“科学的诗人”被雨果誉为“昆虫世界的荷马”，他为世人留下的十大卷写得浅显然而却有趣的巨著中，科学和文艺被一支生花的妙笔异常美妙地结合在一起。作者用一种波澜起伏、富有诗意的笔调，展示给人们一个绚烂多姿、光怪陆离的昆虫世界，自然界的那些小小的昆虫，在他的笔下被写得那样有趣。

法布尔常常把昆虫的行为与人类作类比。在他饱含感情的笔下，蜣螂是勤劳的“清道夫”，蜜蜂成了真正的“泥水匠”，毛毛虫被他誉为“制造毛毯的专家”“聪明的裁缝”。进而，法布尔还用人类的感情色彩来叙述贫穷的毛毛虫母亲怎样为了抚育子女，不惜献出自己仅有的衣服、帽子，甚至临死还用自己的身体，给孩子们的住屋作屏障……读到这里，人们简直会觉得作者是在歌颂一位伟大慈爱的人类母亲。

法布尔热爱大自然、关注生物这一显著特点，是与李广田那酷爱大自然的天性相当吻合的！李广田不仅喜欢“自然之声便是诗”的说法，而且，也“喜欢一切自然之声”。法布尔这一方面的东西，也真是“太适合”李广田的“脾胃”了！

难怪李广田在周作人介绍法布尔十年之后都还深深地记得法布尔，一旦无意中得以读到怀特《塞耳彭自然史》，马上就会想到“这大概就是《昆虫记》之类的文章了”！不过，李广田的见解也确实不差，怀特《塞耳彭自然史》真是与法布尔的《昆虫记》一类的文章，能够“使人忘却了科学之呆板无味，所得到的却多是田园的诗趣，无形中，却又把人引到了科学的园地去”。

李广田不仅在十年之后还深深地记得法布尔，更重要的，也是更有幸的是，李广田现在已经置身于这位当年介绍法布尔的大学者周作人的直接教诲之下了！他对周作人，已经不再是那种只能站得远远的表示一番钦佩的情况了，他们之间的距离，比起在济南听讲演那个时候不知拉近了多少倍！李广田可以经常聆听周作人亲自授课，可以面对面地向他讨教释疑，可以将习作呈他指正……在这些直接的师生接触中，李广田从内心里深深敬仰这位学者的才华（以周作人当时显现于外的知识的渊博和态度的雍容，的确也不知曾赢得了多少文学青年的欣赏和敬仰），并在散文创作方面自然而然地受到了这位学者很深的影响，正像李广田自己后来说的:“受影响最大的还是周作人一派所提倡的散文小品。”

周作人也在实地接触中,逐渐感受到山东青年李广田身上特有的勤奋刻苦,和那种近乎希腊“画廊派”哲人的超绝的坚忍,以及内含的文学天资和散文写作的才华,对李广田渐渐器重起来。于是,他们师生二人间的关系,逐渐向着来往较密切的程度发展了。在后来周作人写的《知堂回想录》一书中,还有好几处提到与李广田之间师生的交往。

李广田第一次去周作人家里,是和邓广铭一道去的。那是1932年的春夏之交,因辅仁大学于前些时请了周作人去讲新文学问题,周作人以“中国新文学的源流”为题,共作了六次讲演,每周一次,每次二至三小时。邓广铭和李广田是每次必到的。邓广铭很用心地做了记录。周作人这次讲演没有先写讲稿,邓广铭便约了李广田,将记录整理稿送去请周作人审阅。周作人看后没有什么意见,这份记录稿便于同年暑假期间出版了。这便是后来人们看到的《中国新文学的源流》一书。全书分五讲,加上两篇附录,其七篇。

周作人在《中国新文学的源流》里,系统地表示了他对文学和新文学的见解,颇有深意地阐述了中国新文学与传统文学的继承关系,追溯了中国现代散文的源头。周作人这次连续讲演所阐述的他一贯的思想中,很多观点都给予了李广田较深刻的影响,对李广田早期的散文创作起了很大的作用。

打第一次去过周作人家以后,李广田与周作人的师生交往自是愈见频繁了。在散文创作上,李广田师法周作人一派的散文,而周作人也颇激赏李广田。不说别的,只要看一下周作人欣然为李广田第一部散文集《画廊集》所作的序,就足以见出他对李广田的激赏了。

周作人的《画廊集·序》,高度赞扬了李广田艰苦卓绝的精神,对于体现周作人与李广田之间颇厚的师生文谊,表明他们彼此间近乎一致的文趣,是一篇有价值的文章,序中这样写道:

说到画廊,第一令人想起希腊哲人中间的那画廊派,即所谓斯多噶派

（Stoikoi）……画廊派的神灭论与其坚苦卓绝的风气却很中我的意……这总值得我们时时地想起，他们的思想与生活也有很多可以佩服的地方。

……

从希腊的画廊派哲人说起，说到琉璃厂的卖字画的席棚，又转到乡下的花纸，简直是乱跑野马，一点没有头绪，而我要说的实在又并不是这些，乃是李洗岑先生的文集《画廊集》耳。洗岑在集子里原有一篇谈年画的文章，而其坚苦卓绝的生活确也有点画廊派的流风……我很主观的觉得洗岑写文章正是画廊派摆画摊，这是一件难事情。画廊派的思想如上边说过太为贤者说法，是不合于一般人的脾胃的，不但决做不成群众的祭师，便是街头讲道理也难得一个听客。至于年画乃是要主顾来买的，其制作更大不易……吾见洗岑集中没有厌胜文，知其不能画此同类的画，画廊的生意岂能发达乎。虽然，洗岑有那种坚苦卓绝的生活与精神，画或文之生意好与不好亦自不足论也，我的这篇小文乃不免徒费的夸辩矣。民国二十四年二月二十一日，周作人记于北平。

李广田萌发对日本文学的兴趣，也是与周作人的影响分不开的。周作人是李广田的日语老师，并讲授“日本作品选读”课，给以李广田不少关于日本文学方面的熏陶。李广田大学期间散文作品的结集《画廊集》，最初曾想题名为《悲哀的玩具》，原因之一是因为集子里有一篇题为《悲哀的玩具》的文章，而更主要的另一个原因却是因为李广田“很爱惜这个名字的来历”。

这个名字是从日本的歌人石川啄木的文章里借来的。石川啄木是一个抱有社会思想的歌人。他不幸为穷病所苦，只在世上过了26年忧郁的日子，便结束了短暂的一生。他生前出版过一个短歌集《一握砂》，死后，他的友人土岐哀果替他编印第二个短歌集，就用了“悲哀的玩具”作为集名。他的短歌即是所谓生活之歌。

李广田说：“我喜欢这个名字，又喜欢琢磨这人和他的作品，便有了借用这个书名的意思。”最后，李广田虽然没有采用“悲哀的玩具”作为自己散文集的集名，但他对这个名字是有感情的。

在李广田的诗中，有一首《俺的春天》，也是直接借用日本作品之名。这个名字是日本作家小林一茶的俳文集之名，取自他自己的俳句——“恭喜也只是中通罢了，俺的春天。”周作人撰文介绍过小林一茶，文章的标题也叫《俺的春天》。在小林一茶的俳文集《俺的春天》里，有很多佳篇，都是能让人见出作者的性情与境遇的。李广田也喜欢这个题目，并借此题写了一首诗。

李广田甚至还翻译发表过日本的俳句。李广田的挚友吴伯箫清楚地记得，他“九一八”前后一段时间，在青岛办《民国日报》副刊，李广田就翻译过几十首日本的俳句在这个副刊上发表。日本的俳句是一种平民文学的诗歌形式，比较通俗易懂，并且多取材于平民生活。这大概便是李广田对俳句能产生兴趣的一个主要原因。

李广田之所以对英国文学，尤其是对英国随笔（美文）产生浓厚的兴趣，其中又特别地喜欢玛尔廷、怀特和何德森，进而自己作品的格调都受到他们的有力感染，这也是与周作人自新文学运动以来，对英国随笔（美文）一贯的介绍、提倡，以及对一些英国散文家的推崇、宣传大有关系的。

“五四运动”以来，中国接受西方文化是首先从英国开始，并且“大抵是借用英文的力量的”（郁达夫语）。由于中国古典散文中较为发达的小品和笔记之类，与英国颇为盛行的“随笔”（Essay）这种体裁，在性质和趣味上，在表现方法和文字的简洁方面都很相近。加之现代散文的开山大师周作人对“美文”的竭力提倡和鲁迅翻译厨川白村《苦闷的象征》与《出了象牙之塔》中对英国随笔的介绍，使得英国随笔这种体裁为较多的中国知识分子首先熟悉，所以，在当时外国文学给予中国散文创作的影响中，英国散文造成的影响是最大最有力的。并且，由于英国的那些随笔作家，“比什么都紧要的条件，就是作者将自己的个人人格的色彩，浓厚地表现出来”，这一点，也影响了很多学习英国随笔的作者注意建立自己的独特风格，使自己的散文创作带上自叙传的色彩。

李广田也是这样一个学习英国随笔并注意建立自己独特风格的作者，他身处外文系专攻英文这样的“近水楼台”，又直接受到提倡“美文”的周作人的教诲，所以，他受英国散文的影响之深，则更是不难想见的。

李广田颇为欣赏英国随笔的那种“实在是诗与散文中间的桥”（周作人语）的特性。他欣赏兰姆、霍桑、欧文，也欣赏海士立脱、威尔逊、汉脱。不过，他出自自己的那种酷爱大自然的天性，质朴的气质和内向的性格，出自自己初步接受了人道主义的思想，出自自己对故乡对大地的深厚感情和对童年生活的深切怀念，他却与众不同地，非常喜欢几位不大为人注意的，过着寂寞生活的，朴素的英国“乡土文学”散文家（有的甚至不被人看作散文家）：玛尔廷、怀特，以及怀特的后继者之一，阿根廷的自然学者何德森。这些作家的作品都像大自然的抒情诗，表现了大自然的素朴的静美，表现恬静的田园情趣，使人体味到淳朴的人生，在平庸的事物里找出美与真实。李广田从这些作品中看到了使他这样一个中国农村的儿子倍感亲切的事物和哲理，他不得不由衷地喜欢了！

玛尔廷的作品并不多，据说只有三本——《道旁的智慧》和《无忧无虑的田园》这两本散文集，以及一本诗集《基督的太阳》。李广田读过《道旁的智慧》和《基督的太阳》，另外那本散文集《无忧无虑的田园》完全是描写乡村生活的，比《道旁的智慧》更有趣。李广田不曾得到这本书，还总是“引为憾事”。幸而由一位先生介绍，得以读到其中一篇，是写一个乡村歌者的《篱笆道旁的荷马》。

玛尔廷非常爱好自然，也很喜欢旅行。不过，他的旅行跟某些旅行家完全不同。他不去周游世界，不去繁华的各大都市观光，更不远涉重洋去瞻仰什么名人的诞生之地或安息之所，“他似乎只浪游在许多偏僻地方，如荒城小邑，破屋丛林，而他所熟识的，又多是些穷困的浮浪者，虔诚的游方香客，以及许多被热闹的人们所忘掉的居者与行者”。他《道旁的智慧》里的文章，都是记述描写这些平常人的平常事物的，记述他所见到的乡村、小邑，记述他旅行所听到的传说、故事，既没有什么热闹，也没有什么奇迹。并且，这些文章都是自然而洒脱的，几乎每一篇都显著地表明他那种容易使人亲近的风格。这给李广田造成了深切的感受，李广田由衷地觉得：“每令人感到他不是在写文章，而是在一座破旧的老屋里，在幽暗的灯光下，当夜深人静的时候，他在低声地同我们诉说前梦，把人们引到了一种和平的空气里，使人深思，忘记了生活的疲倦和人间的争执，更使人在平庸的事物里,找出美与真实。”

玛尔廷所记述描写的于旅行中所见的一切平常人和平常事物,李广田承认:“都被我所爱,最低限度,都能被我所了解,因为我是来自田间,是生在原野的沙上的,对于那田园的或乡村的风味,我很熟悉,而且我也喜欢那样的旅行,虽然还不曾那样旅行过。”

李广田读了《篱笆道旁的荷马》之后,不仅看出这篇文章有着与《道旁的智慧》同样的基调,而且还饶有心得地体味出:“在这篇文章里,好像玛尔廷在发明他的艺术的理论,又好像在探寻原始的真的诗的诞生。”

李广田不仅理解了、把握住了玛尔廷的这种艺术观,而且,他还深受这种艺术观的影响。他也坚信,真的诗,如同真的美。哪怕赤着脚走在道旁的尘埃里,也是永远不会被埋没的!于是乎,在这种艺术观的影响下,他在细心地、踏实地观察着、体味着人生,认真努力地发掘着平庸事物里的美与真实。

怀特也是一位自然的爱好者。他是英国的一位学者,1720 年生于塞耳彭,1739 年入牛津奥勒耳学院,获文学学士。后来,擢为公费研究员,于1755 年退休回故乡。直到 1793 年逝世之前,他的大部分时间,都是住在故乡塞耳彭这个村子里。他终身未娶。他把他的精力,都用在了观察自然上,并把观察所得都写信告诉友人。结果,这些书简便汇集成了《塞耳彭自然史》一书。

李广田无意中在旧书摊得到这本书时,是他正在为读不到法布尔的《昆虫记》而感到遗憾的时候。周作人之前介绍《昆虫记》时说过:“也希望中国有人来做这翻译编纂的事业,即使在现在的混乱秽恶之中。”可是在后来李广田所处的“混乱秽恶”之中,却始终未有《昆虫记》之类的译著在中国出现。李广田对此觉得“是一种寂寞”。在无意中得到怀特的《塞耳彭自然史》后,李广田很高兴。他说,这“真使我喜出望外,先读了序文,又随便读了几篇内文,心想:这大概是《昆虫记》之类的文章了,只是怀特所写的范围比法布尔的更广罢了”。当读完全书之后,李广田表示了高度的赞赏:“他的简练优美的文章风格,以及他的时代生活之画图,使得他的著作成了一部永世的乡土文学。它是有着文学作品的最重要的功能的，它能给人以美的启示和新奇的感印。”

何德森是怀特的后继者之一，也是位像怀特一样可爱的自然学者。他于1841年生于阿根廷的倍罗斯爱勒省，幼年就住在阿根廷大草原他父亲的农庄上。他爱好自然，也很喜欢旅行各地。他把所见所闻的自然界的种种现象，尤其是鸟兽虫鱼之类的生活，都用极素朴的文字，如实记载下来。与自然界最接近的，如乡村僻野的农家牧夫们的生活，占了他著作中的一大部分。他1874年从南美到英国，从此就没有再回过阿根廷。他是最不关心荣誉的一个人。在伦敦，他吃了多年的穷困孤独之苦，当他成名之后，依然过着一种非常清苦的生活，而且依然不为荣誉所动。

何德森曾经亲自去拜访过怀特的故乡塞耳彭，他对《塞耳彭自然史》有其深刻独到的看法，他说怀特的人格便是他的书简之主要美点，并说怀特这本小书之所以能永久使人爱读，并不是因为这本书小，而是因为这本书里的事情有趣，更主要的是因为“这本书本身便是一件极可爱的人格之记录”。

李广田觉得，何德森“是用诗人的感觉来领会自然，并以泛爱的精神来观察一切；虽然他的文章，有时候显得有点零乱琐细，却于不知不觉间就会令人喜欢着了”。

看来，玛尔廷、怀特和何德森都有这样一些特点：喜爱自然，能用诗人的感情体会自然；他们关心的是平常人和平常事物，能以泛爱的精神观察一切；他们都用极素朴清丽的文字写乡村，写自然，写平常人平常事，使自己的著作成为一部永世的乡土文学；他们的文章都像说家常话一样，有一种容易使人亲近的风格；他们的作品能给人以美的启示和新奇的感印，使人从平庸的事物里找出美和真实；他们的作品本身便是一件极可爱的人格记录。于是，实在无怪乎李广田会情不自禁地叫起来——这样的文章“是太适合我的脾胃了”！李广田早期散文作品的格调，便是深受这些作家影响的。

周作人对“美文”的提倡是最得力的。同时他还是一位自觉的实践者，他决心

“用自己的文句与思想”写作中国新文学中还缺乏的那种“在英语国民里最为发达”的“美文”,以期“给新文学开辟出一块新的土地来”。他辛勤劳动的成果是丰硕的,他大量的创作推动了中国式“美文”的发展。更难能可贵的是,他吸取了英国随笔的灵活机智、情趣盎然的长处,但又避免了它“不失之太腻,就失之太幽默,没有东方人的小品那么清丽”的短处。

周作人这些关于提倡“美文”的主张,以及“从表现新的现实生活和新的思想感情出发,接受外来的文学影响,并使之化为本民族的血肉”的创作实践,给予李广田的影响是深刻的。由于直接受业于周作人,李广田便不仅可以看了外国的模范去做,而且可以看了周作人散文这样的本国的“模范”去做,去努力在新文学的园地中开辟自己的“一块新的土地”。

李广田由于自己那样的出身、经历和气质,以及早在读前期师范时便已从爱罗先珂等人的作品中初步接受了人道主义这样一个思想基础,因而与周作人提倡的人道主义精神很能产生共鸣,很能热情接受周作人提倡的“人的文学”“平民文学”等观点。在直接师从周作人所受到的感染熏陶中,他少年时代初步养成的人道主义思想得到了进一步的发展,有力地支撑了他早期的创作。他密切注视、关心的都是平凡小民,在他笔下活动的,始终都是一些平凡而卑微的小人物。他娓娓地诉说着这些被压在社会底层的“贱民”们的哀怨和悲伤,执着地表达着对这些芸芸众生的同情和挚爱。他写出他们的善良,写出他们的痛苦,写出他们的不幸,写出他们的希望。他对平凡小民们一往情深!在某种意义上完全可以说,李广田早期的散文创作是能够归入“人道主义”文学之中的。

周作人独具一格的艺术特色,对于李广田艺术风格的表现,也产生了很大影响。周作人散文的艺术特色,用他自己的话来说是非常恰当的:“我近来作文极慕平淡自然的景地,但是看古代或外国文学才有此种作品,自己还梦想不到有能做的一天,因为这有气质境地与年龄的关系,不可勉强。像我这样褊急的脾气的人,生在中国这个时代,实在难望能够从容镇静地做出平和冲淡的文章来。我只希望,祈祷,我的心境不要再粗糙下去,荒芜下去。这就是我的大愿望。”(《雨天的书·自序二》)“平和冲淡”正是周作人散文的最显著的特色。周作人有着一种田园诗人的思想与情怀,而“平和冲淡”也就“是田园诗人所必然采取而发展到高度的形式”(阿英语)。周作人不但推崇明人公安派,文章里边处处追迹明人,冲淡的程度和明人颇多相似处,而且他也追迹晋人陶渊明,他的文章也大有陶渊明平淡自然的韵味,他的高足废名都说他“有点像陶渊明”。李广田从少年时代就从王爸爸那里耳濡目染,受到强烈的熏陶,加之气质的切近,使得他非常喜爱陶渊明,喜爱陶渊明那种清淡自然的风格。现在,从周作人的文章里,李广田似乎看到了陶渊明在现代的影子。于是,李广田倍加喜爱周作人的风格就是很自然的了,也就难怪他自己都觉察到这一点。

周作人散文创作的基本抒情方式是用淡笔写淡情。他写的很多篇章都是至情至性的流露,可是他有节制,他懂得艺术辩证法,越是在感情激越时,他越是注意节制,绝不呼天号地,这样,越节制越使人感到作者感情的分量。他写的东西并不使人激动,但却引人静静地去咀嚼回味。如胡适所指出的,周作人的散文“用平淡的谈话,包藏着深刻的意味”。

李广田受周作人的影响,也总是喜欢用淡笔写谈情,从不故作惊人之笔,不炫奇斗胜,不呼天号地,而是情发于中,用笔质朴无华,平淡而不板滞,洒脱而不枝蔓。俞平伯曾这样评论过丰子恺的漫画:“所谓‘漫画’,其妙正在随意挥洒,譬如青天行白云,卷舒自如,不求工巧,而工巧自在。”用这段话来说明周作人散文的基本抒情方式是极为恰当的,同样,用这段话来说明李广田散文的基本抒情方式,则也是颇相宜的。

虽然,李广田受周作人散文作品的影响很大,不过,李广田的散文也有一些与周作人很不同的地方,主要说来便是李广田有一种农民气质,因而文章风格中显出一种周作人不可能有的朴厚之味；李广田的出身决定了他的文章里不可能有周作人那种以飘逸为基本特性的幽默;李广田作品的取材不如周作人的广,且没有周作人散文那样广泛的知识性。

我们还不可忽视李广田从周作人那里受到的消极影响。

周作人的散文在中国现代文学史上,是形成了一个很有权威的流派的。属于这一流派的重要作家有:俞平伯、废名、钟敬文等。这一流派的形成,既有他们间存在共同的艺术特性这一因素，也有其思想倾向的大体一致这另一因素。

周作人在《燕知草·跋》中说：“平伯为近来的一派新散文的代表，是最有文学意味的一种。”又在《志摩纪念》中说：“平伯废名一派涩如青果。”周作人不提自己，是种自谦；说俞平伯是他们这一派的代表，更是谦词。其实，无论从任何一方面来说，周作人都是这一派当之无愧的代表。他们这一派的风致，用周作人评现代散文的话来说，也是很贴切的：“这风致是属于中国文学的，是那样地旧而又这样地新。”

废名，原名冯文炳，曾被有些人称为周作人的“大弟子”，也是受周作人影响很大的一个作家，是周作人散文创作流派的一员主将。周作人散文创作流派的形成，与他的努力和成就分不开。他“资质清纯”，造诣颇深，对中国现代文学的发展有其独到的贡献。他1929年留校执教于北大中文系后，开“散文习作”课。李广田选修了这门课，受他的直接指导。废名很欣赏李广田，当李广田与邓广铭等人合办《牧野》时，废名还很器重这个小刊物，鼓励李广田、邓广铭好好地办下去，多练笔，多提高。

废名的作品不多，其中又以小说分量偏重。其实，他的小说里，散文气味多于小说气味，是“朴素如淡墨画”而近乎散文和诗的。甚至可以说，他的小说就几乎和散文没什么区别。人们完全可以把他的诗以外的作品都归于散文。

废名是一个具有鲜明的艺术个性和独特风格的作家。周作人在为废名的短篇小说集《竹林的故事》写的序中，谈了他对废名作品的三点见解：一、读废名的东西，如“在树荫下闲坐”，有一种“隐逸的”“温和的”美；二、废名“所描写的不是什么大悲剧、大喜剧，只是平常人的平凡生活——这却正是现实”；三、废名“三四年来专心创作，沿着一条道路前进，发展他平淡朴讷的作风”，“独自走他的路”。这些见解是很恳切的，从中也足以见出周作人对废名的激赏——这大概是因为，废名是在以周作人小品文的风格写小说。因为周的小品文正是“平淡朴讷”，谈的正是平常人的平凡生活，正是不顾流俗，“独自走他的路”。

李广田受教于废名的“散文习作”课，得到废名更直接的教诲。李广田的短篇小说也完全可以归入散文一类中。和废名一样，李广田的所有作品也是或抒写乡村中的人和事，或反映普通知识分子的生活，也总是通过一些平凡而悲哀的故事，使我们看到人物灵魂痛苦的战栗，并从一些平凡的微不足道的小事里，挖掘下层人民心地的善良，浸透着对下层劳动人民美德的赞扬和痛苦人生的同情，将真与美歌唱给人们。探索人灵魂的真与美，这是李广田与废名共同的人生主题。

而周作人和废名思想倾向的大体一致，为他们提供了形成这一共同艺术流派的思想基础。总的来说，到了 20 世纪 20 年代末，他们都远离了时代斗争的漩涡，思想倾向都是避开现实的。

在周作人和废名的直接影响下，有着大革命失败后情绪逐渐消极、误以为文学与革命不能和谐这样一个思想基础，并且历来就钦慕陶渊明那种“思想与情怀”的李广田，现在是“‘两耳不闻窗外事’，一心沉醉写作中”了。他把自己关在大学宿舍里，日复一日地琢磨着自己的感情和文字。对于自己写的东西，他“当然不自满足，但确乎仿佛有了自己的小天地，因此也就忘了外面的大天地”。真难怪他自己这样说：“‘九一八’事变当然给了自己一些摇撼，而左翼作家联盟的成立，竟对我毫无影响，至于其他就更不必提了。”(《自己的事情》)李广田整个的大学生活，几乎就都在练习写作中度过了。

第四节　画廊集

“苍天不负苦心人”，带着满身鲁西平原的那种“乡下气”进到大都市来的李广田，凭着自己特有的艰苦卓绝的精神，不但生活上渡过了无人接济的经济难关，而且学业颇有长进，更重要的是，创作上大有收获！

而今，李广田很快就要从高等学府——北京大学毕业了。整个大学期间，他含辛茹苦、呕心沥血地埋头于写作之中，像一个勤劳的农夫不停歇地耕耘在土地上，他在文学这块园地里埋头耕耘着，没有娱乐，没有享受，不知流了多少汗水，也数不清度过了多少个不眠之夜……

就在 1935 年——李广田将要大学毕业的这最后一年的春天，多年的辛勤耕耘结出了第一个硕果：大学期间的散文习作——《画廊集》出版了！

“画廊集，一个好听的名字！”周作人称赞说，并欣然为集子作序。李广田自己写的《题记》中这样说道：“像我所写的那个荒僻村落的画廊，像我所说的那座画廊里边的一些平常而又杂乱的年画一样的，是我这些小文章。而且，《画廊》又是我比较最近的一篇东西，今后是不是还写下去呢？如果写下去，是不是会有什么新的变化呢？虽然这时候我也不大知道，然而且以这座‘画廊’作为一个里程碑总是可以的吧！”

的确，在李广田一生的散文创作道路上，《画廊集》不但是“可以”作为，而且也正是“一个里程碑”，并且是第一个里程碑！这个里程碑表明了李广田是一个多么热爱自然、热爱故乡的大地的儿子！这个里程碑初步显示了李广田那种朴素浑厚、真挚亲切、清淡自然的独特的艺术风格。

翻开《画廊集》，我们好像感到了玛尔廷、怀特、何德森的格调，似乎悟到了陶渊明的韵味，仿佛看到了周作人的风致，而且，大概也觉到了废名的旨趣，甚至，也许还有爱罗先珂的影子，明人公安派的遗风……是的，这些似乎都有，然而，却又好像都没有！《画廊集》既不是《道旁的智慧》《塞耳彭自然史》，也不是《归去来兮辞》，还不是《乌篷船》《鸟声》，又不是《竹林的故事》……《画廊集》就是《画廊集》！就是他——李广田这样一个齐东乡村农民家庭里长大的，从童年时代开始便受到中国古典文学（尤其是陶渊明诗、文）熏陶的，接受了爱罗先珂宣传的人道主义思想的，经历过大革命及其失败并坐过监牢的，又以艰苦卓绝的精神考入大学并受到西方文学影响的，而且直接师从周作人与废名并受他们很大影响的山东男儿的心声！“凡他写出来的，多是他自己的”，不再是其他任何人的！

可以说，在《画廊集》里，李广田从小到这个集子结集之时所受到的一切熏陶、感染和影响包括性格与气质方面的，思想方面的，艺术方面的，兴趣爱好方面的，等等都完全综合起来了，形成了一个有机的统一体。这个统一体里，有他热爱大自然的天性，有他淳朴浑厚的气质，有他挚爱故乡的感情，有他忠恳执着的性格，有人道主义的思想因素，有艺术上的唯美主义倾向，有“在平庸的事物里找出美与真实”的追求，有像玛尔廷、怀特的文章那样的“亲切之感”，有“田园诗人”的情怀，有周作人散文那样的“平和冲淡”，有废名那样的“对乡村人民美德的赞扬和对痛苦人生的同情”……这一切，都融汇在一起了。是的，就是这一切，熔铸成了李广田这第一个“里程碑”，稳固地立在了他那富有独特创作个性的文学道路的起点上！

有一位作家曾说过，决定作品能否经受住时间的考验的，首先是对童年所抱的态度和对乡土的感情。

《画廊集》的作者正是以自己对乡土深怀的眷念之情，以对童年时代接触的一切所怀的深厚感情，使得自己的作品经受住了时间的考验。

对于对大地有着人子深情的李广田来说，“故乡”是一个多么亲切温暖的字眼呵！他坦率地告诉人们：“我的最美的梦，也就是我的幼年的故乡之梦了。”他一

“说起‘故乡’两字，总连带地想起许多很怀念的事物来”。故乡的土地、亲人、山水草木、鸟声虫鸣，都时时牵动着他无限的眷念之思。尽管他也知道他的故乡这个“朴野的天地”“实在太狭，太小，而又太缺少华丽”，然而却无妨这个小天地里，有生活在社会底层的平凡小民们的梦幻、憧憬和追求，有他们的喜怒哀乐、离合悲欢，更弥漫着一种乡间特有的从容、恬静的气氛——这种情调尤为他所喜爱。于是，他不无偏爱地宣称：“我喜欢我这个朴野的小天地。”他还表示说：“我愿意我能够把我在这个世界里所见到所感到的都写成文字，我愿意把我这个极村俗的画廊里的一切都有机会展览起来。”(《画廊集·题记》)事实上，他已经这样做了。故乡的人物、山水、风俗、人情，在他的脑海里始终都保留着充满诗意的印象，并且，都一一涌到了他的笔端，成为他写作的不竭的源泉。他的作品散发着一种独特的可贵的泥香。

翻开《画廊集》，我们不难感觉到，作者受玛尔廷、怀特、何德森的感染和影响有多么深！集里的很多篇章，无论是在构思、选材方面，还是在作品的格调方面，都可以找到玛尔廷等人作品的痕迹。这些篇章既“自然而洒脱”，又“都是真实的声音”，也“能给人以美的启示和新奇的感印”。作者所有介绍、解释玛尔廷《道旁的智慧》的话，几乎全都可以移用过来作为《画廊集》的注脚，而且是再适合不过的。我们随手摘取一段：

> 在玛尔廷的书里找不出什么热闹来，也没有什么奇迹，叫做“道旁的智慧”者，只是些平常人的平常事物。(然而又何尝不是奇迹呢，对于那些不平常的人。)似乎是从尘埃的道上，随手掇拾了来，也许是一朵野花，也许是一只草叶，也许只是从漂泊者的行囊上落下来的一粒细砂。然而我爱这些。这些都是和我很亲近的。在他的书里，没有什么戏剧的气氛，却只使人意味到淳朴的人生，他的文章也没有什么雕琢的词藻，却有着素朴的诗的静美。

《画廊集》总共24篇文章，都是结构严谨、文字优美的，有一种朴实浑厚、清淡自然的美。其中大半篇幅都是在诉说着乡野的故事，陈列了作者故乡那个荒僻村落的“画廊”里的一些平常而又杂乱的“年画”，有童年的回忆、故乡的风土人情等。如《画廊》《野店》《种菜将军》《枣》《在别墅》《父与羊》等篇章，就像作者在夜深人静之时，低声地同我们诉说前梦，把人们引到了一种和平的空气里，“使人深思，忘记了生活的疲倦和人间的争执，更使人在平庸的事物里，找出美与真实”。

全集的开篇，首先就使读者得到一种年关前村镇市集“画廊”里的从容与和平之感。乡间老少妇孺扫地除尘之后，便要趁着市集的一天去买些年画来补补墙，就是“闲着时看画也很好玩”。他们来到位于市集中间作“画廊”用的一座老庙宇，这座老庙宇“又破烂，又新鲜，多少人整年地不到这里来，这时候也都来瞻仰瞻仰了。每到市集的日子，里边就挂满了年画，买画的人固然来，看画的人也来，既不买也不看，随便蹭了进来的也很多，庙里很热闹，真好像一个图画展览会的画廊了”。他们在那些很合乡下人脾胃的画前，挑着拣着，讲着图画中的故事，细琢细磨地讲着价钱。小孩子穿着红红绿绿的衣服，仰着脸看得特别出神，对《有余图》《莲生九子》之类的特别喜欢；老年人都衔着长烟管，烟斗里冒着缕缕的青烟，总爱买些《老寿星》《全家福》《五谷丰登》《仙人对棋》之类的年画，也许有一个老者在那里就讲了起来……也有人在那里讲论戏文，再没有比这个更能给人以和平之感的了。之后，你会听到好些人在那里低低地哼着，低低地，像一群蜜蜂，像使人做梦的魔术咒语。人们在那里不相拥挤，不吵闹，一切都从容、娴静，叫人想到些舒服事情……这本身就是一幅多么古朴的极富农家情趣的风俗画哟!

《野店》更是一幅线条粗犷的齐鲁风俗画，一幅静美的古趣图。文章描写乡村客店的习俗，充满了粗犷浓郁的生活气息，令人体会出一种特别的人间味。文中记写的这样的野店，在中国北方的乡村和小集镇中是常见的。朴野温良的店主夫妇的殷勤招待，会让你有一种回到了老家的感觉；店门上“荒村雨露眠宜早，野店风霜起要迟”的对联，会有意无意地叫旅人感到心暖；义气豪爽的客人们，更叫人不会感到寂寞，你会听到有人这样大声笑着喊着：“四海之内皆兄弟呀！”赶了一天路的疲劳的行人们，卖山果的、卖鱼的、推车的、挑担的，在这里“都会偶然地成为一家了”。他们一夕相聚，又散了各奔东西。他们把在野店里相聚视为一种机缘，说着些慷慨义气话，亲切而温厚地互相照应着。在和平与温暖中，这些萍水相逢的陌路人会一见如故，坦率地交谈着，流露出真情，而有些话或许是对母亲或妻子都不说起的，于是你就会更感到一种特别的人间味。“就如古人所歌咏的：

君乘车，我戴笠，
他日相逢下车揖。
君担簦，我跨马，
他日相逢为君下。

——这样的歌子，大概也是在这样的情形下产生的吧！”

《野店》全篇从构思到基调，都可以看出玛尔廷那篇散文《篱笆道旁的荷马》的痕迹。玛尔廷写一个叫考林克劳提的乡村歌者，推着小车在尘埃的道上流转，在乡村的市集上读他的歌谣集，而且大胆地在他的书面上印了大字的广告：“考林克劳提。乡村生活和普天下的奇事之新歌者”。他“不曾听到过勇敢的武士之狂吟，他却只听到了车马夫之欢歌。这种歌子是在道旁的小店里，当许多素不相识的旅伴遇到一处，传杯递盏高谈阔论的时候所唱的。他们一次相遇之后，继而又走上各人的征途，于是我们的考林克劳提便亲手写下了那车马夫的歌子，当他又走上自己所爱的道路时”。

玛尔廷和李广田“这种纯朴自然的情调，在平庸的事物里对美的探索，歌颂车马夫或住野店的人们，都是极其相似的。不同的是，一个是英国的田园风味，一个则是写的中国农村，陈涉吴广式的不忘昔日相聚的慷慨义气”①。他们实属中外同道。李广田不仅欣赏，而且也在实践玛尔廷的艺术理论，和玛尔廷一样“在探寻原始的真的诗之诞生”。《野店》《画廊》这类的文章，便是李广田在玛尔廷艺术理论的影响下，细心地观察人生，切实地体味人生，并努力地使人们从中

①李岫：《画廊、雀蓑及其他——关于父亲李广田早期的创作活动》。

“意味到淳朴的人生”的篇章。读罢这些篇章，是能使我们“在平庸的事物里，找出美与真实”的。这些篇章也如同玛尔廷的散文那样，“没有什么雕琢的词藻，却有着素朴的诗的静美”。像大热天坐在树荫下乘凉的惬意，又像夜深人静时坐在灯前，作者对你低声地诉说心曲，有着一种容易使人亲近的风格……

与《画廊》《野店》同一类的文章，还有《种菜将军》《枣》《在别墅》《父与羊》等篇。

《种菜将军》描述了一个忠厚、勇敢、和气的捕捉盗匪、赌徒以维护地方治安的乡间民团团长的形象。作者用淡淡的笔触，不加夸饰地记写这位被人们称作“将军”的为人、家道与衰落。“将军”巡防时，距村子尚有半里之遥，就脱帽下马，步行过庄。“将军”眼里总是“满含着和气的光彩”，“只要有人——不论什么人，村长地保之类自不待言，就连荷蓧牵牛者流也是同然——同他一招呼，就可以看见那一颗大头颅向路旁点了又点，一朵微笑早已挂在嘴边，丝毫也不带做作的意思”。“将军”的武艺相当高强，又慷慨好义……这样一位“将军”，到得晚年，“下马了”，去做了一个种菜人，一是谋生，二是以此自娱天年。他的菜园里花和菜各占了一半，还养了一群鸡。他自己则是“戴一顶团团大苇笠，穿一身蓝布短裤褂，赤着双脚”，与一般老农毫无两样。最后，在晚景中，“将军”默默地死去了，“事情很简单，一口杨木棺就结束一切了。没有送葬人，除却几个世交旧友，更没有什么仪仗，除却有好事者给写了一幅纸旌，旌上大书特书曰：‘××省××县××团团长伏波穆将军’”。

“将军”就这样去了，整篇文章也就这样结束了。通篇没有作者自己的一句颂扬之词或贬责之句，全是记写自己所见所闻的有关这个民团团长的生死盛衰。文字平淡得出奇，气氛平和得可爱。人们大概能从这个“将军”的一生中，“意味到”另外一种类型的“淳朴的人生”……

《投荒者》记写了作者的胞兄二哥悲惨的一生。二哥还在读中学的时候，因三弟在学校遭了一次匪难，兄弟俩就都辍学了。三弟到济南做了商店学徒，二哥也到县城一家杂货店里做了学徒，后来升成了一个小账房。他“在这小商店里，终日只是伏在那一个黑暗的小角落里，和那一张污秽的桌子作对，身体原就生得纤弱，两年来又是过着这囚徒似的生活”，身体搞垮了，常常咳血。后来他不愿意干下去了，居然要到西北边塞去干开垦荒地的事业，说那边荒地很多，地价又廉。他说服了父母，终于带着妻子和两个孩子上路了。他还打算先“在那边干它个三五年，总可以买到几十顷荒地，也想把家乡的穷人们领去干干呢”。可是，还未等他到达目的地正式着手开垦事业，才到达包头镇时，就病死在一个旅店里了。到了作者执笔的时候，二哥已经死去差不多三年，作者写道：“哥哥的遗骸依然在包头镇附近的一座荒山上。每当凄风苦雨，或是为寂寞所苦时，就常想起哥哥的那副沉思的脸来，不知怎地，仿佛到了现在对于他那样的沉思才稍有一点了解似的，益觉得可哀。而使我更不能忘怀的，是哥哥那未能着手的开垦事业，且也更觉得那是一桩很值得冒险的事业了。”作者的笔是平淡的，可是主人公的哀愁却难以冲淡。平淡的文字下面潜流着不平静的感情，蕴含着对善良的人们的深沉的同情。

如果说，《投荒者》描绘的是难以叫人们“忘记了生活的疲倦和人生的争执”的劳动人民形象，那么，《记问渠君》描绘的则是难以叫人们“忘记了生活的疲倦和人生的争执”的知识分子形象了。问渠君是作者读师范学校的同学，一个驯良、软弱、忠厚而有点志气的青年。说话口讷，显得有点笨，但不缺少聪慧，功课上尤为踏实努力。“他曾经撞进了革命的队伍”，尽管他发表意见总是“未常先人，而常随人”，但毕竟也在“红色的后一”班发表过“关于革命的意见”。尽管他签名的时候手颤抖得非常厉害，但他毕竟“也是红色中之一员”。可是，当1928年夏天国民党的军队来到以后，这个早已是有病的人“看到多少年青人在那里卖朋友自首，他担心他也会被什么人指认，加以检举，病势就更重了些”，终于“死在一个恐怖中”。作者写自己后来得悉这个消息的当夜：“我住在泰山山腰一座古庙里，大概是大雨之后吧，山里的泉水，万马奔腾的向下驰去，发出吓人的声响，又加以松风呼啸，自己就像在海涛中夜行，草间萤火明灭，时有虫声如诉，这时候，我又想起问渠君那一副可悲悯的样子来了。”作者沉重的悲哀、深挚的同情以及对时代的感受，均已溢于言表了。好像随着“松风呼啸”，我们也嗅到了阵阵的时代气息。

在《画廊集》里，像《记问渠君》一类的描写知识分子形象、表现知识分子情绪的篇章，还有《秋雨》《黄昏》《秋》《寂寞》《白日》《秋天》诸篇。它们一起构成了《画廊集》中的另一个"小天地"——不如作者的故乡那样"朴野"，然而却是透露着时代气息的一个知识分子的"小天地"。这一方面固然是因为他也熟悉这个"小天地"，另一方面却也说明他心中看重这块"小天地"。经历了大革命失败后的小资产阶级知识分子，大多数不都是与他这块"小天地"里的人物一样的吗？"他们几乎满身是创伤，然而他们又满心是花朵。"他们曾经怀着热情，抱着希望，但是遭到了冷酷现实的挫折和打击，想找出路，又找不到正确的出路，却又不满眼前的现实，于是陷入了深深的思想矛盾之中，苦闷和忧郁一阵阵袭向他们的心头。他们彷徨，他们沉思冥想，他们感到寂寞、忧伤……但也不乏对人生的探索和对希望的憧憬，如《秋天》中主人公的心声："我想该这样说：'我愿走在道上，不愿停在途中。'死不足怕，更不足恶，可怕而可恶的，而且是最无意味的，还不就是那停在途中吗？这样所谓人生，是走在道上的了。前途是有着希望的，而且路是永长的。""因为人生就是走在道上啊，真正尝味着人生苦难的人，他才真正能知道人生的快乐，深切地感到了这样苦难与快乐者，是真地意味到了'实在的生存'者。""给了人更远的希望，向前的鞭策，意识到了生之实在的，而且给人以'沉着'的力量的，是这正在凋亡着的秋。我爱秋天，我对于这荒凉的秋天有如一位多年的朋友。"从上述这一类饱含人生哲理的语句中，我们强烈地感到了作者那种执着于现实的顽强进取的精神和豁达乐观、奋发向上的情调。

李广田的《画廊集》及其同期诗作均是一个热爱大自然的"地之子"的心曲。这位"地之子"朴素地把自己的诗文化变成了大自然的一个角落。

《画廊集》及其同期诗作中都显现出了一个可喜的转变——由一个有着唯美主义倾向的小资产阶级知识分子的主观抒写开始向着客观的描写而变化，它们的作者开始关心自己的感情生活以外的题材，在现实主义道路的起点上迈起了虽然不够有力，然而却稳健的步子。关于这一点，与他敬佩的老师废名做一比较，则更显出其意义的深刻性。废名也喜爱并善于运用抒情笔调叙述一些琐屑的故事，可是，废名对于自己这种注意力的方向和写作的道路，却“并不想改”，表现出的是一种恋恋不舍的心情：“近来有一二友人说，我的文章很容易知道是我的，意思是，方面不广。我承认，但并不想改，因为别方面的东西我也能够写，但是写的时候自己就没有兴趣，独有这一类兴趣就非常大。”[①]这当然就注定了他以后的道路是无论如何都不可能宽阔的，事实的确也是如此。

《画廊集》和同期诗作都是一个质朴真诚的北方农民的儿子的真情流露，都得天独厚地有一种“令人引起思维和忧郁的可喜的亲切之感”，这正是极有价值之所在——“亲切是一切文学的基本条件”（刘西渭语），因而它们所呈露的气质都能那样地切近人们的灵魂，或引动人们不倦的思维，或牵发人们温馨的回忆，或撩拨人们沉静的忧郁……

但是，我们也从《画廊集》和同期诗作两者之间的内在联系明白了，散文是怎样对李广田的诗有一种“羁绊”，而诗又是怎样地助长了他的散文。李广田这一时期的大半诗作皆因沾了较重的散文气息而不能称之为佳作，然而《画廊集》里的散文篇章却因融进了诗意而显出一种素朴的耐人寻味的美丽，在20世纪30年代的文坛上赢得了较高的声誉。与同时期成名的一些散文作家的作品比较，《画廊集》散发出一种独特的可贵的泥土的芬芳，它既不同于梁遇春的俊秀妩媚，也不同于陆蠡的清丽细腻，还不同于都属“悲哀与忧郁的歌手”的缪崇群那样的平实精细，就是与好友何其芳那部其中不少篇章都在刻描风土，表面上与《画廊集》模糊貌似的《画梦录》做一比较，也完全可显出情调的相悖。尽管《画梦录》大部分篇章“意境的淡漠宛如乡土的朴野”，但是其作者却几乎是把精力全用来织绘他的悲哀和思维，这位作者“要的是颜色、凸凹、深致、隽永”，追求一种精致与纯粹的柔和……而《画廊集》却由于其作者气质的迥异，不仅情调与《画梦录》颇不一致，而且境界也大不相同。

---

①废名：《竹林的故事·赘语》。

总之,《画廊集》给我们的就是这么一个印象:朴素、真挚、亲切、浑厚,“没有什么戏剧的气氛,却只使人意味到淳朴的人生”,“也没有什么雕琢的词藻,却有着素朴的诗的静美”。由于李广田是以泛爱的精神来观察一切,用了诗人的感觉来体会自然,所以尽管《画廊集》篇章里有不少零乱琐细的东西,却能令读者不觉其琐碎,只赏其隽永。如嚼菜根,弥朴弥旨;如玩鼎器,弥朴弥真,“不知不觉就会令人喜欢着了”。《画廊集》作为李广田散文创作道路上的第一个里程碑,表明了他对大自然、对故乡的爱是那么真切、那么纯洁。这种爱能勾起读者蕴藏心底的情思,能引起读者心中深沉的共鸣。歌德曾经这样议论过中国文学:“他们还有一个特点,人和大自然是生活在一起的。你经常听到金鱼在池子里跳跃,鸟儿在枝头歌唱不停,白天总是阳光灿烂,夜晚也总是月白风清。”(《歌德谈话录》)热爱大自然,描写大自然,正是中国文学的一个传统特点。李广田继承了这一传统特点,诚挚地热爱大自然,深情地描写大自然,《画廊集》就是大自然的一个角落。从《画廊集》这第一个里程碑开始,李广田脚踏实地地,一步一个脚印地向着现实主义的文学大道迈去。

第五节 银狐集

如果说,《画廊集》是李广田散文创作道路上的第一个里程碑的话，那么,《银狐集》则可以作为他的第二个里程碑了。

《银狐集》收录他大学毕业后一年内写的 17 篇散文,1936 年底出版,是巴金主编的《文学丛刊》第三集之一。到出版《银狐集》时,李广田那种朴素浑厚、真挚亲切、清淡自然的散文风格便确立了。

在泰山灵秀的哺育下,李广田的心胸和视野都开阔多了,对祖国山河的热爱之情也更加深了。置身于如此壮美的东岳，会使他想到同胞们的生活也理应美好,可是,就在泰山的盘道上,他却看到多少朴实的乡民在祈求“幸福”,看到讨乞的老人,看到为了养活家人而在悬崖峭壁上冒死采摘百合花的山民,听到许多悲惨的故事。而在济南教书的日子里,他又更多地看到了同胞们的痛苦和不幸,灾难与辛酸。交不起学费的孩子泪汪汪的双眼,沿街乞讨度日的妇孺的哀求声……都给他留下了深刻的印象,使他发出阵阵长叹。还在北京读大学的后一两年里,他便在忧郁与苦闷中,对于人世间的许多不公平不合理,以及人世间的许多悲哀和苦难加强了思索,由原来那种总是主观的抒写中抬起了头来,开始了一些初步的客观的描写。如果说,那个时候的这种“变化”还比较小的话,那么,当大学毕业以后回到济南教书的这个时期里,这种变化则开始显著了。他更多地发现了现实的不美满,更多地知道了人的生活的可怜,到处都有着不幸存在,到处都听到痛苦的呻吟……于是,他关切的不再仅是自己身边的琐事和个人际遇,出现在脑海里的也不再仅是“幼年的故乡之梦”,从笔端流出来的已经很少是个人的哀愁伤感。他开始注意现实了,开始关切平凡、卑微的小人物。他很少写自己和身边的琐事,差不多都是写“人”了。他的感情变得坚实起来,个人的感伤色彩已渐消退,而对处于社会下层那些“受折磨的人和没有出路的人”表示了真诚的同情,对欺侮、压榨他们的社会表示了深沉的怨愤。诚如他自己所说的那样,已经

"渐渐地由主观抒写变向客观的描写一方面","在这十七篇小文章中,只有少数几篇不是写'人'的,而这少数几篇却又并非写我自己,这意思是说在这些文字中已很少有个人的伤感,或身边的琐事,从表面上看来,仿佛这里已经没有我自己的存在,或者说这已是变得客观了的东西。……尽管这些文字中没有一个'我'字存在,然而我不能不承认我永在里边。……因为我爱我写出的人物,或者还不如反过来说,我文章中的人物被我深爱的缘故,这些文章中依然有我的悲哀,我的快乐,或者说这里边就藏着一个整个的'我'。"(《银狐集·题记》)

《老渡船》的主人公是作者同村的一个名叫王化五的默默地忍受屈辱的老农。他就像一只载重的老渡船一样既坚实,又稳固,还最能适应水面上一切颠颠簸簸和风风雨雨。"他是那样安于他所遇到的一切,无所谓满意,更无所谓不满意,只是天天负了一身别人的重载,耐劳,耐苦,耐一切屈辱而无一点怨尤,永被一个叫做'命运'的东西任意渡到这边,又渡到那边",饱尝了人世间的辛酸。他有二亩薄田,却不够维持全家的生计。有时,他去帮人家打铁当下手,拉拉风箱,抡抡"下锤",有时也到河上去,但更多的时候是在田地里"为风日所吹炙",田里是永有做不尽的工作的。别人的欺侮他默默地承受着,生活的煎熬他默默地承受着,儿子的蔑视他默默地承受着,"他天天同灰土搅在一块,同煤烟熏在一起,他自己又是闲不得的人,他最能利用时间,别人吩咐着固然肯干,别人不吩咐也会自己拾起工作来。如没有什么事可做时,他可以肩一个粪篮到处走走,或到各处拣拾些人家舍弃的东西,如半截铁钉,破烂绳头,瓶口碗底,草鞋底等"。碰到别人带侮辱性的打趣,他的回答也只会是黝黑的脸上一堆微笑和一声有意无意的"嘻嘻"……作者对这位"老渡船"这种无止境的忍辱负重的命运感到悲凉,对他的一生寄予深厚的同情。作者在文章的最后一段这样叹息说:"我写到这里不知怎地忽然觉得难过起来,我真是为了这位'闲人馆'的主人感到荒凉了。你看,你看,他不是又从那边走来了吗?他背上不知负着一大捆什么东西,沉甸甸的……"

《柳叶桃》中的那个女伶,是作者妻子娘家的一个有着悲惨身世的嫂嫂。她出身于贫寒的农家,从小就被送到戏班子里学戏,到得 20 岁时以"头等花衫"而知名。后来竟被一个富家子弟"用了两千块钱作为赎价",把她买回家中当了"第三号姨太太",作为继承香火的工具。在那个最缺乏人性的悍妇二姨奶奶的折磨下，过着奴隶不如的生活。“她和平，她安详，她正直而忍让”，“她在重重压迫之下忍耐着，而且渴望着，渴望自己能为这秦姓人家养出一个继承香烟的小人儿”，以为那也许便是她的出头之日了。可是“无奈已忍耐到一年光景了，却还不见自己身上有什么变化，她自己也悲观了。她自己知道自己是一株不结果子的草花，虽然鲜艳美丽，也不会取得主人的欢心，因为她的主人所要的不是好花而是果实”。于是她被撵回乡下的父亲家里去了。两年之后，不知怎的，她的主人们又想到这个“女戏子”是两千块钱的交易品，还是不肯就永远抛掉，又把她接了回来。可是接回之后却又是加倍的虐待，那二姨奶奶左一个“女戏子”，右一个“女戏子”的骂着，“女戏子”仍然过着奴隶不如的生活，“一切最辛苦最龌龊的事情都由她来做，然而白日只吃得一碗冷饭，晚上却连一点灯也不许点”。她却有点死灰复燃，“又在做着自己的好梦，她知道她还年轻，她知道她还美丽，她仍希望能从自己身上结出一颗果子来。希望与痛苦同时在她身上鞭打着，她的身体失掉了健康，她的脑子也失掉了主宰。女人身上所特有的一个血的源泉已告枯竭，然而她不知道这是致命的病症，却认为这是自己身中含育了一颗种子的征候。她疯了。她看见人家的小孩便招呼‘我的儿子’，又常常如白昼见鬼般说她的儿子在外边叫娘……”终于，在柳叶桃的花开得正好的时候，她自言自语地说过了多少次“柳叶桃，开得一身好花儿，为什么却永不结一个果子呢”这样的话之后，戴着一头柳叶桃的红花，死去了……

作者叙述的文字是普通平淡的，没有什么情绪激越的措词，没有什么悲天伤地的描写，然而，字里行间却有着一种催人泪下的力量，引发人们阵阵的酸楚之情。作者在平静的叙述里寄托了对这个农家出身的女伶深切而真诚的同情，并且在这同情的背后，深藏了对那虐待、奴役这女伶的有钱人家的愤懑和谴责。在叙述完这个故事之后，文章的最后一段话是发人深省的，作者写道:“这便是我今天要告诉你的一切。然而我心里仿佛还有许多话要说。我不愿意说我现在是为了人家的事情——而且是已经过去的事了——而烦忧着……我又禁不住再向你问一句话:‘我们当年那些五颜六色的奇梦，现在究竟变到了什么颜色?’”尤其是终了所问的这句话，可谓点睛之笔。当年的那些奇梦，在冷酷的现实面前被碰碎了。严峻的现实引起作者的深思，作者开始正视现实，而不再做当年那些充满幻想的梦了……

《乡虎》则真是把一个横行乡里的恶霸写活了。作者从当地的谣曲写起:“七洞山,三只虎,林青、樊遂、罗雄武。”那罗雄武就是作者刻意描写的这只“乡虎”。下面这几句话的含意够深刻的:“我们那地方压根儿就没有什么山林,只因为平地里出来这几只虎,没有山林,也就非有山林不行了,于是以一带地方名称改作为一个山林名字而为人所传诵。”出了“虎”,没有山林,就得有山林,地名都因“虎”而改,足以说明这几只“虎”的气焰之嚣张了。前两只“虎”已经相继死去,只剩下这位名唤罗雄武而一般人均尊称为“武爷”的第三只“老虎”了。“武爷家里原不曾有一垄田地,然而他家里骡马成群,有车辆轿舆,有堆积如山的粮米,而其所以能有如此丰足的来源,则为武爷的赌局、羊群、戏箱戏班,以及秤斗税收。”作者分别详细地记述了武爷开赌局的规模、历史,不花钱不出力地喂养五百只羊的诀窍,置办戏箱戏班的气派和盈利,怎样包买当地的官秤官斗,包办买卖牲口税而招财进宝……武爷忙得很,什么都要关照,“武爷每天跑着,叫着,从赌局到舞台,从舞台到商场,然后又到牲口市,又去找他的秤官或斗官,然后又跑回他的赌局去”……他精力过人,终日这样辛苦,却一点儿没有疲乏样子,而且趁高兴时还会自己化妆去登台演戏,“譬如他的买卖很发财,又如从山南河北有走江湖的好朋友来了,这时候他一定肯放下一切,而来演唱《乌龙院》或《秦琼卖马》之中的一个节目”……对这个能大能小文武双全的霸王,乡里人都“敬而远之”,不敢十分接近,更不敢稍稍得罪……这篇《乡虎》生动地让我们深入了解了乡村中的恶势力,也体会到了作者对其的愤憎。

如果说,《乡虎》一文表达了对乡村中恶势力的愤憎,那么,《成年》一文则是对乡村中封建的早婚陋习的控诉了。文章真实地记写自己的弟弟因屈从父母之命按乡间陋习早婚之后,性格的改变和心灵上受到的压抑,并用弟弟向往上进,对外界新鲜事物的渴望,寄寓了对早婚的鞭挞。弟弟本是天真活泼的,极其勤勉顺从,家务事和农事都很留意,肯干,赢得了父母的喜欢,同时也赢得了乡里的称赞。可是才15岁就按父母的愿望结婚了。结婚以后怎样了呢?作者接到母亲的信后,回家看望婚后的弟弟——“我刚走近自己的大门时,我还希望像往年我回来时一样:只要我招呼一声‘娘,我回来了。’第一个跑出来的一定是我那弟弟,他会用一种狂欢的样子迎接我,然后把我拉拉扯扯地迎到家里,并向我说着种种疯话,逗得一家人欢笑。然而今次不然,那出来迎接我的虽然还是我的弟弟,然而他已经不是我那天真活泼的弟弟了,他只向我说一声‘来了吗,哥哥。’

接了我的行李走回家去,便不再说些什么……”在以后多天的相处中,更使作者为弟弟感到悲悯了:“他已经完全变成一个‘成人’了,虽然他的年龄距成人还有不少距离。他动作规规矩矩,他说话正正经经,而且无论言行都显得迟缓无力。他常是显得有些沉默,一种忧郁的氛围笼罩着他,使他永没有眉开眼笑。……他仿佛心里永怀着一个念头:‘我已经结婚,我已是丈夫,我已经是大人了!’他在家庭中简直变成了孤立的,这叫我感到他有些可悯。”作者自己就曾经是乡间这种早婚陋习的受害者, 他自身的体会是相当深刻的。因而他对弟弟的处境非常理解、非常同情,他笔下写来也就显得特别的深刻和真实。文字仍然是平淡的,没有指向谁的矛头,然而对封建制度及封建陋习的控诉却是鞭辟入里的。

《桃园杂记》也是在平淡的文字中,含寓了对恶政的控诉的篇章。作者追忆了故乡桃园的盛衰,先是笔酣情切地描写了桃园的美之后,笔头一转:“我很担心,今后的桃园会更变得冷落,恐怕不会再有那么多吆吆喝喝的肩挑贩,河上的白帆也将更见得稀疏了吧。”这笔底的微澜是不难体会的。

《花鸟舅爷》是一篇写得精巧的能勾起人淡淡的轻愁的篇章。作者的舅爷日子过得非常贫苦,靠给人打短工度日。尽管如此,他却是“一个在贫苦中有快乐的人,而他的乐趣却不仅在于他能够对付得他的贫苦”。他还喜欢种种花、养养鸟,“从自己用极困难方法得来的粮米中, 省俭出一部分米粒来饲养了这些鸟族的舅爷,他的快乐恐怕是我们所不能想象的了。”家中原有几棵老榆树,这在其他贫苦人家,是早就要伐了卖钱的,可是舅爷却不,“最大的原因,恐怕还是为了榆树上的那些鸟巢吧。”他喜欢那些喜鹊,他爱护它们,他说:“假如把榆树伐倒,岂不是拆毁了人家的家吗?”当他的外甥(即作者)从外地归来去看外祖母时,舅爷不在家,榆树不见了。只见舅母脚穿白鞋,头扎白头绳。原来是外祖母过世了,榆树用来换了棺木。外祖母死了,舅爷的快乐也死了,人衰老了许多。文章的最后部分写舅爷第二天专程停工来看作者。“‘舅爷也实在衰老得可怜了呢, 头发都变得白参参的了。’舅爷去后,我向母亲这样说。‘白了头发呀,却还是那么孩子气。’母亲带一点笑意说,‘一辈子花啦鸟啦的,就是知道调皮着玩儿。你还不知道呢, 人家竟能在那一头白参参的发辫上扎了鲜红的头绳, 又戴了各色的野花,在外祖母的病床前跳来跳去,唱山歌儿使外祖母喜欢。人倒是一个有心肠的人，可惜命穷，也就无可如何罢了。’”文章在这里结束，读到此，我们兴许会忍俊不禁，笑一笑这舅爷的天真。然而，紧接着，内心里却会涌上一阵酸楚，发出悲哀的感叹——“我们的人民啊！”文章是结束了，然而我们心中被勾起的哀愁却“如无风暮霭里的炊烟，袅袅升腾，经久不散”（司马长风语）。

其他，诸如《银狐》中那一对相濡以沫、如鼓琴瑟的穷画家夫妇；《上马石》中那三个常在一起平静地谈论前脚后脚“走”（去世）的老头子；《他们三个》中那个丢了一只胳膊，有着特殊脾气的老人；《浪子递解记》中那个被解回原籍的糊涂少年；《平地城》中那个赶骡马大车的，能说很多村野故事的多话的老人；《看坡人》和《生活》中的两个顽强的盲人，等等。这些人都成为作者的朋友，这些人物各有个性，作者对他们都很理解，很熟悉他们的喜怒哀乐。作者虽然对自己的文章“无所谓爱憎”，但对文章中的人物“却是爱着的”。他说：“我也并不是立意只拣了我所爱的人物作为我的文章材料，然而当那些人物一跑到我的笔下时，或当我已经把那些人物写完时，我才感觉到我对于我所写的人物已经爱了一场，而且还更加爱惜了起来。”（《银狐集·题记》）

值得注意的是，作者对他所写的人物的“爱意”完全是由衷的、深沉的，其由衷和深沉的程度，竟到了连作者事先都意识不到的地步。比如我们上面提到《老渡船》一文时，曾经摘引了文章的最后一段话，对于这一段话，作者有这样的自白:“《老渡船》中的主人是我的老邻居，完全是为了爱那个邻人的缘故，才有了那文章的最后一段，这是当我写完重读的时候才感觉得出的。”（《银狐集·题记》）可见作者的思想感情是完全地、深深地融进了笔下的人物里了。这些文章里依然有着作者的悲哀和快乐，这里确实有着作者自己一整个的“我”。但这已经不再是以前那个只有个人感伤的“我”，而是一个开始正视现实的“我”了。作者已经从原来喜欢的那个“太狭，太小”的“朴野的小天地”，开始转向了外面的世界。

从写作《画廊集》时较多地注重抒发个人的哀怨和伤感，到后来的较多地注重抒发对大多数平凡小民的同情和爱意，从爱“自然”到开始爱“人”，这无疑是一个进步。尽管他对于现实的正视还仅仅是开始，尽管还时而闪现美丽的幻想的光，但他对人生的积极态度已由此初见端倪，为他今后进一步转向更广阔的现实世界，为他今后更远大的发展打下了基础。其意义是重大的。

在艺术上，《银狐集》与《画廊集》基本上是一脉相承的。这部集子里的篇章，仍然是用淡笔写淡情，情发于中，文笔质朴，句法变化多样，总像与读者在灯下娓娓而谈，令人生出一种亲切之感。用诗人的气质来写他的散文，有些时候还“用写诗的气氛”来制造出他的人物，使这些篇章融进了诗意而显得美丽，行文流畅自然，有一种行云流水之感。

《银狐集》的最后一篇是写泰山的《扇子崖》。作者写泰山的文字除这一篇外，都收在 1937 年 4 月编成的下一个散文集《雀蓑记》里，并且，《雀蓑记》里也有一些文章的写作日期是在这篇《扇子崖》之前的，那为什么作者要将《扇子崖》收入《银狐集》而不收入《雀蓑记》呢？主要是因为作者也把泰山视为了自己的故乡，就是他在泰安这一年多的对他的思想性格和创作产生了深刻影响的生活，便已经使他对泰山生出了一种儿子般的深情，所以他把《扇子崖》编入了集中写故乡风物与人物的《银狐集》并置于该集的末篇。这样一来，还确乎别出心裁，《扇子崖》就像《银狐记》与《雀蓑记》之间一条连接的纽带，极自然地把“地之子”带进了“山之子”的境界。

《雀蓑记》可以说是《银狐集》的继续，里面的文字都写于 1936 年和 1937 年，这是李广田的第三个散文集，共收入文章 17 篇。其中一半左右是散文诗，另一半除作“代序”用的第一篇《雀蓑记》外，都是在进一步地作“客观的描写”。或刻画冒着生命危险在陡崖上采摘百合花卖给香客以养活家人的山汉悲壮的命运（《山之子》）；或追忆老祖母的慈爱之心（《回声》）；或写老人即将离开人世的悲哀（《谢落》）；或描述青年学生毕业后求职的艰难（《路》）；或抒发平原人民的寂寞与对山水的渴慕之情（《山水》）。这些篇章与《画廊集》《银狐集》的风格特色一样，看得出来，李广田那种独特的散文风格此时已经较为成熟了。

如果说，第一个里程碑《画廊集》是李广田故乡那个“朴野的小天地”一个“风物、风俗画”的画廊，那么，《银狐集》和《雀蓑记》则已是一个表现人生的“人物”画廊了。“里边展示的人物画像以故乡和泰山为背景，有老人的世故和儿童的天真，男人的劳苦和妇女的眼泪，无论是善和恶，或者是美和丑，有的身体和心里有这样那样的残缺，有的在极端困苦中显示出坚韧不拔的毅力……其中被万恶社会摧残得发狂至死的‘柳叶桃’和‘把自己的生命挂在万丈高崖之上’折取红百合花的‘山之子’应占有显著的地位。”①

《山之子》这一篇章确实是最能反映作者的散文创作个性和作者人格的名篇。李广田以自己那种“泰山的儿子”的无限深情来写就这篇《山之子》，塑造了一个泰山的灵魂。文章向人们讲述的是一个山民“哑巴”家的悲剧：泰山后面有个古涸涧，两面峭壁，中间深谷，峭壁上生满百合花。哑巴的父亲，一个顶结实勇敢的山汉，最先发现这个百合涧，便攀着乱石，拉着荆棘，冒着生命危险在陡崖上采摘百合卖给香客，以此养活家人。可是，在40岁时一个浓雾天坠入了百合涧。哑巴的哥哥承继父业，也遭到了父亲同样的命运，30岁时被一阵山风刮下悬崖。从此，哑巴为了奉养老母和寡嫂，不得不拾起这以生命为孤注的营生，继续在这条通往死亡的路上攀援。这是一个何其令人痛心的故事啊！旧中国劳动人民的生活境遇就是如此地凄惨悲凉！作者对此寄予了无比深厚的同情。作者以泰山绝顶作为背景，着力刻画了哑巴的形象：朴实善良，勇敢勤劳，粗犷豪壮。作者深情地把他称为“我们的山之子”，并满腔激情地为他喊出：“山之子该有怎样的一山沉默呀！”这“山之子”以自己一身的沉默背负着一山的沉默。作者歌颂了这个劳动者的纯朴、勇敢和坚强，并从他的身上懂得了另外一个故事：这是“泰山的精灵在宣说泰山的伟大”。于是，文章的主题在这里得到了升华：泰山的伟大即象征着我们民族精神的伟大，“山之子”的痛苦也表现了我们民族的痛苦，作者把自己对苦难深重的劳动人民的同情，凝铸在“山之子”这个形象的塑造之中。这个形象的塑造，也向人们表明，作者已经踏在了健康的现实主义道路上，告别了以前那个只有个人感伤的“我”，与“平凡”“卑微”的劳动人民休戚与共了。作者对人生的态度更积极了，他面对的世界更广阔了。

---

①冯至：《李广田文集·序》。

第三章

辗转的教学路

第一节 山东从教

1935年夏天，李广田从北京大学外文系毕业了。

他结束了学生时代，即将离开古城北平，走向社会。此时，他的心情是相当复杂而激动的。就是在这将要分手的时候，他好像才更感到这座古城的可爱与令人留恋，并且还出现了一种生怕这地方将来不幸变成东北失地之续的担忧……几年来，他同多数生活在这由于日本法西斯不断蚕食祖国领土，以至于已逐渐变为边陲城市的北平的青年学生一样，若说他们是已经完全忘记了民族的仇恨，或说他们丝毫不曾感到暴风雨的随时可能袭来，那大概是不够公平的。但若说他们渐为这都市的雍容所涵化，并为一种奇怪的政治情势所逼迫，因而大都怀抱一种无可奈何之感，那可是一点儿也不冤枉的。李广田心中，正是这样充满了“不能奋飞”的苦闷与忧郁……

在这将要离别北平古城之际，李广田心里复杂的种种情感如同被点燃了一样，一下子爆发了。他和未婚妻王兰馨都借了这一次情感的爆发，而不禁失声痛哭起来。他们怀着一种错综难言的心情，踏上了南下的列车，泪眼告别了北平这古老的城市，向着家乡山东驶去……

王兰馨是广东番禺人，1934年从北京女子师范大学中文系毕业。他俩于1933年结识，第二年确定了关系，商量好毕业后结婚。也是在1934年，李广田挣脱了还是在不懂事的少年时代就被封建旧式婚姻套在身上的枷锁——与包办婚姻的妻子尹氏分手了。

王兰馨出生在清朝末年的一个进士之家，感受了母亲温柔和善的好性格，她的少年时代是无忧无虑地度过来的。没想到，在她差一年就要中学毕业的时候，父亲去世了。更没有想到，父亲多年居官置下的家业，被她那浮华浪荡的大哥毁于一旦，接着，大哥又逃之夭夭。她与一个弟弟、两个妹妹和母亲，一下子突然落到了贫苦无告的境地当中。她这做长姐的，全靠自食其力，半工半读，好不容易奔到了大学。同时她还得加倍地干活挣钱，省吃俭用，帮助弟妹的生活。好在这样的状况持续未久，弟妹年岁逐渐增长，也能独立谋生并奉养老母了。

可以说，王兰馨是双脚踩着深深的泥泞过来的，每一步都留下了痛苦的脚印。这一种历尽辛苦的经历和艰苦自立的奋斗精神，与李广田颇有相似之处。王兰馨在中文系攻读古典文学，尤其对唐、宋词有浓厚的兴趣，造诣较深，甚至有“词人”的誉称。李广田在诗歌创作上的努力，使他赢得了“诗人”的美号。无怪乎当他们于1935年夏天回山东结婚的时候，有人称赞他们是“诗人与词人的结合”。他们的结合的确是幸福的。远在天津的沈从文还专门寄赠了一副对联来祝贺他们的新婚之喜——“画廊有吟低眉敛手，彩笔种笑结果开花。”这副对联中，“画廊”即指已经发排付印的李广田第一部散文集《画廊集》，集子的第一篇就是名叫《画廊》的文章；“种笑”则是指李广田已收入《汉园集》中的一首诗作《笑的种子》，这首诗作颇能表明李广田的气质和艰苦卓绝、奋发向上的乐观精神。沈从文在对联中点明此诗，是合适而又有意义的。是的，李广田“把一粒笑的种子深深地种在心底，纵是块忧郁的土地，也滋长这一粒种子”，现在，“笑的种子发了芽，笑的种子开了花，花开在颤着的树叶里，也开在道旁的浅草里”，李广田的生命史册翻开了新的一页。

回到山东后，李广田就留在济南第一中学教国文，王兰馨在泰山脚下的泰安三中教国文，他们都开始了中学教员的生活。

当年的“齐东状元”如今回来了！在李广田此时任教的济南一中的学生中，就有一些他当年考北大时还是小学生的孩子，他们那时就早已听他们的教师讲过李广田如何刻苦自强的事迹，听过教师一再以李广田为榜样，用“将相本无种，男儿当自强”之类话对他们的激励。因此，他们对这位李老师是闻名已久的，再加上后来又听说“齐东状元”在大学读书期间，就一篇接一篇，一首接一首地发表了不少散文、诗歌，心里更是佩服已极。现在，这位昔日的“有志者”，今日的“知名作家”出现在面前了，他是这样的和蔼可亲、平易俭朴。红红的脸膛常常带着和蔼的微笑，身上常着一件蓝布长衫，脚上总是一双布鞋。无论是高年级还是低年级的孩子们都盼望能听他的课。李广田就住在学校的教职员宿舍里，那是清末大学堂学官住的地方，台高厦阔，光线明亮，是一个雅静的所在。每天晚上，他窗口的灯总是要亮到很晚很晚……

李广田仍然是那样刻苦，那样勤奋。他教书很认真，在教学工作上倾注了不少的心血。因为他是给高年级上课，所以还引得一些低年级学生在那里抱憾“不能亲受教诲”。李广田尤其重视学生的作文练习。他不仅对学生作文的优劣次序排得很清楚，大有一种“梁山泊英雄排座次”的味道，而且，还颇细致地分析各个学生作文的得失，说有的作文以“理”胜，写得精辟；有的作文以“气”胜，写得磅礴；有的以“情”胜，写得动人……他批改作文很细心，有眉批、有总批，甚至很多细枝末节，他都用红笔一一改动。有个学生的一篇作文，写他的伯父和叔父为争一点债款翻了脸，直至由怒目对视而挥拳相向，甚至辱及了祖宗，可是在第二天正月初一相互拜年时又笑脸相对，拱手作揖，恭喜新年发财。李广田阅后在总批中这样写道：“……讽刺入木三分，大有《儒林外史》描写严贡生的笔法。”

李广田还很热心地亲自筹办刊物。他执教不到两个月，一个像样的铅印文学月刊《嘉树》便问世了。创刊号封面是一幅木刻——紫底（紫色是济南一中的校色）衬托着向上茁壮生长的树木。刊名取晋人阮籍《咏怀诗》“嘉树下成蹊，东园桃与李”句中的“嘉树”二字为名，含意是很明确的：愿这块习作园地上桃李芬芳，“下自成蹊”。整个刊物从组稿、阅稿、改稿到写发刊词、编者后记，以及编排校对、催促印刷等一系列工作，都是李广田一人承担。在他的日记里还有这样的记载：“《嘉树》排印太慢，在电话里和印刷局打了两架。”（1935 年 11 月 14 日）

李广田在《嘉树》上对一些习作细加评点，以做示范，还把一些优秀习作介绍到文艺刊物去发表。这些做法大大激发了学生的写作热情。李广田在创刊号的编者后记中写道：“我们希望我们的作者更充分地来表现那点乡土气息，我们的乡土是我们最富的宝藏，我们要尽量地去发掘。我们要更坚实、更朴厚、更能担当，这些是我们固有的特色，我们应当来尽力发挥这些才好。”《嘉树》上出现的佳作很多，对学生的促进也很大。这份小小的铅印校刊，在济南的中学生中产生了一定的影响。此外，济南的中学师生还编过的《春草》《表现》等文艺刊物，也不同程度地得到李广田的帮助。李广田还为济南一中写了“校歌”的歌词，为少年们唱出了他们的心声：“我们是早晨的太阳，我们是迎日的朝云。看！佛山长碧，明湖长清，趵突水长喷！”

回到山东做中学教员后，李广田的理想除了认真教书就是努力写作，最好能每年都有新书出版——假如没有抗战的全面爆发，兴许他的这个理想是能够完全实现的。事实上，抗战爆发前的两年内，他已经做到了这一点。

1936 年 12 月，继 9 个月前出版了本来头一年就该出的《画廊集》与《汉园集》之后，他出版了第二部散文集《银狐集》。1937 年“七七事变”之前，他已编好了第三部散文集《雀蓑记》交付出版。可是，由于抗战的全面爆发，拖到了 1939 年 5 月才得以出版发行。

自打回到山东以后，李广田便与泰山结下了不解之缘。王兰馨在泰安三中教书，学校离泰山山麓只有两三里路，济南与泰安间的火车又很方便，于是，李广田每每于周末乘火车往返于泰安与济南之间，星期六去泰安，度了星期天又返回济南。在泰安度周末的那些日子，他们夫妇俩晚饭后都要出去散步。从学校出来缓缓地向山麓走去，景色宜人连绵起伏的山麓和庄严古朴的岱庙，都是李广田多少次流连忘返的地方。他们有时在岱庙买碑帖，尤其是要买那最出名的“经石峪”的魏笔；有时去“岱宗坊”饮山泉茶，那泉水真是清醇甘洌，会把人的心都给饮醉了的。每年的寒、暑假，李广田都在泰安度过。

作为泰安三中校舍的“资福寺”，是一个清幽舒适的所在。东院里有一棵大皂角树，绿荫如盖，遮满了这个不大的院落。李广田夫妇俩常在这大树下弈棋、休憩。沏一壶新茶，边喝边摇着扇子，真有一种难言的快适。旁边不远一点还有一棵秋桃树，它结的果实并不大，可是瓤白如玉、汁甜如蜜，据说这也是“肥桃”的种子。王兰馨住的西院正好对着泰山的南天门。住房坐南，但前后开窗。一打开北窗，也就看见泰山像屏障一样遥立在前方，耸峙入云。这五岳之首昏明晴晦，气象万千。有时夕阳返照，山晕青紫，那颜色美得无法形容；有时阴雨霏霏，云遮雾绕，那神态另有一番娇娆。南天门的下面是曲折的盘山路，陡立着，像一打白线。南天门的门墙本来是朱红色的，可是，由于长期的风雨剥蚀，远远看去已经变成淡红色。后面，便是一碧如洗的青天。北窗推开是如此博大的气象，南窗却又有一番农家风光。他们自己在窗下种了些扁豆、花生、向日葵。扁豆的蔓子爬满了窗子，叶影珊珊、绿凝几案，满是生趣。就在住屋附近，便有许多奇禽异鸟，每到破晓时，还在枕上就可以听到种种美妙的呼唱，有的像芦笛，有的像响箭，有的像银铃……

到得暑假，他们就干脆住到山上去。他们喜欢常住中天门的“泰山旅馆”，每天好在“快活三里”目送来往的乡下香客，“乐得看这些乡下人朴实的面孔，听他们以土音说乡下事情，讲山中故事”。在泰山的这些美好的时光里，那斗母宫、王母池，那“倒三盘”“升仙坊”，那奇峰峻岭间、险崖飞瀑处，那忽而乱石如箭，忽而平滑如砥的山路上，何处没有留下他们的足迹？那霞光万道的旭日喷薄，那夕阳染映的绿崖红晕，那澎湃奔腾的山涧洪流，那秀拔峻丽的峭壁悬崖，哪一样未给李广田以深刻的感受？那如练的瀑布，那缭绕的云雾，那如海的松涛，那澄绿的深潭，又哪一样没有给予他美的启示？面对平铺而圆浑的东面诸山，他会生出一种和平之感，凝望挺拔秀卓的西面诸山，他觉得有些傲岸……而盘山道上，松柏荫下，过往的香客和纯朴的山民那些说不完的给泰山增添了无限神秘色彩的传说故事，更引起了李广田极其浓厚的兴趣和无比丰富的联想。泰山里面，既有男灌园、女织麻的勤劳俭朴的茅舍农家，也有很贫苦的，挣扎在饥饿死亡线上的山民，他们为了生存，不得不冒着生命危险在悬崖陡壁上攀援，采摘百合花出卖。他们那种“以生命为孤注的生涯”，他们那似乎与泰山融为一体的伟大和悲壮，使李广田受到了强烈的触动，留下了永远铭心的印象。

在此之前，李广田还仅仅是一个“平原之子”，他的眼光仅在故乡那一块平原之上。他们“平原的子孙对于远方山水真有些好想象，而他们的寂寞也正如平原之无边”。

李广田在那里度过了十数个春秋，他诉说过平原人的悲哀，他忘记不了平原的忧愁，他“凭了那一块石头和几处低地，梦想着远方的高山、长水与大海”。而现在，他从故乡平原那个“朴野的小天地”来到了中华名胜泰山，一切都大不一样了。“浮云连海岱，平野入青徐”，俯视一气，天下就在眼底！泰山的雄伟开阔了他的心胸，泰山的壮丽启迪了他的灵魂。他尽情地呼吸着泰山的空气，畅快地痛饮着泰山的甘泉，他对泰山的峰峦流水、苍松翠柏、一石一木都有着儿子般的深情，他把生命的一部分融入了泰山之中。

“会当凌绝顶，一览众山小。”古往今来，泰山以它的雄伟壮丽哺育过多少代文学家，现在，泰山又以它天赋的灵秀哺育了李广田的情思，陶冶了他的性格。李广田不仅是“地之子”，也是泰山的儿子！是泰山和泰山的人民使他由“地之子”进入了“山之子”的境界。他以“地之子”和“山之子”的心灵，敏锐感受和领悟着泰山的晨风夕雨、天然本色和泰山的风骨。他从中深化了对泰山的认识，懂得了泰山的伟大，进而更加体味到了大地母亲的宏深博大。他用一颗儿子的心写下了《山之子》《扇子崖》《雾》等歌咏、赞美泰山母亲的隽美篇章。这些篇章都分别收入《银狐集》和《雀蓑记》这两个散文集中。

然而，并不仅止于此，李广田还更效法泰山母亲那种屹立于风之晨、雨之夕的坚毅形象，始终保持着一种艰苦卓绝的进取精神，永不停顿地跋涉在生命的长途中。他从一个普通的农民的儿子，之所以后来能够成长为一个蜚声文坛的知名散文家、诗人，从一个具有人道主义思想的小知识分子，成长为一个为共产主义奋斗终生的无产阶级战士，与他始终保持的这种艰苦卓绝的进取精神，与他从泰山母亲那里汲取的养分是有着密不可分的重要关系的。回到山东，直至抗战全面爆发被迫流亡前的这段泰安生活，对他的思想、创作乃至性格都产生了深远的影响。

当“七七事变”发生，日军侵入山东后，李广田随学校迁到泰安，一直住到年底，最后在冰天雪地之中，离开了泰安，辗转南下，开始了流亡生活。于是，泰山成为他从此远离故乡山东的出发点，也是他开始踏上人生斗争征途的出发点。从此以后，不论是在千里迢迢、艰难万分的流亡路上，还是在树木葱茏、气候宜人的西南边疆，泰山，都被他织进了关于山东故乡的美好、温馨的回忆之中。他在第四个散文集——一部流亡生活的“苦涩的记载”——《西行记》里，就多次表现了对泰山的忆恋。泰山的儿子是怎么也忘不掉泰山的！带着对泰山母亲的美好的感情，怀着泰山母亲给予的信心和胆识，李广田在生活的道路上和斗争的历程中，步子越走越大，越走越坚定……

第二节　六千里流亡

“七七事变”爆发，日本帝国主义全面侵华战争开始。从此，李广田平静的教书生活被打乱了，他也和四万万同胞一道，经受着战争的洗礼。

山东很快便落入敌手，日军逼近济南。作为一位正直诚实的诗人和作家，李广田不愿意留在济南当亡国奴，他随同济南一中的几百名师生组成的一支流亡队伍，怀着爱国热情，抱定“抗战到底，不做亡国奴”的决心，踏上了艰苦奔波的流亡征途。怀着一种在大学毕业后两年内渐渐坚实起来的感情，怀着一种执着的责任感，李广田进入了一个新的生活时期。

他们先是由济南避到泰安，在泰安中学里继续上课。可是，在这泰山脚下，仍然遭到日本飞机的狂轰滥炸。于是，在 1937 年 12 月 24 日，一个冰天雪地的日子，他们撤离了泰安，辗转南下，经过鲁西的金乡进入河南。在许昌住了一个月，又西迁南阳赊旗镇（今社旗县），住在山陕会馆里，就在庙廊下席地上课。

由于李广田的文名，赊旗镇上的宛东中学还请他去兼过国文课。在赊旗镇这短暂的一段时间里，李广田带着一种天真的欢欣，参加了济南一中少年们的抗日救亡活动。这些少年们热情高昂，组织了一个抗日救亡工作团进行抗日宣传，还成立了一个剧团，他们找自己的李老师为剧团起名。李广田很兴奋，在一张纸上写下好几个名字，少年们从中挑了“狂飙”一名。抗日救亡工作团的活动开展得蓬蓬勃勃，演讲、歌咏、出壁报、演出街头剧……李广田尤其为壁报花了许多精力。

两个多月后，济南一中流亡师生离开了赊旗镇向南出发，进入湖北。一路上跋山涉水，晓行夜宿。李广田与学生一起同甘共苦，并且尽力把漫长的征途变成生动活泼的课堂，让学生忘掉背井离乡的痛苦和长途跋涉的劳顿。

4月中旬，他们到达均县。在这期间，从山东流亡出来的中等学校都合并为国立湖北中学。校部设在郧阳，包括高中、初中及职业学校。分校设在均县，包括后师及简师。国立湖北中学有一个颇大的官僚机构，这些人无视教职工及学生的疾苦，拖欠薪金，克扣伙食、医药、修建等经费。他们花天酒地，大享其国难福，有些人整天就是趴在麻将桌上过日子。

4月26日晨，流亡师生分乘木船从均县出发，逆汉江赴郧阳。当时正值大雨，河水猛涨丈余，行船很危险。可是校方不仅强命前行，还命其中载人稍少的一只船（载26名女生及几名教职员眷属），加载面粉数百袋，重两万余斤，结果该船行驶困难，“下泻数里始行遇礁，船底渗漏，历一小时余始沉”，可是校方却不积极主持营救，竟只注意捞面，不注意捞人，捞出面数百袋。而22名女学生却惨遭溺死。其中一名女生胡玉芬幸遇他船捞出时，尚有气息，如营救得法，可不致殒命。但校方忙于捞面，弃置不问，致可活之人于死地。

这些学生不是死于战场，而是死于教育界当事者的昏庸和视人命如草芥的做法。此事发生后，遇难女生家属在《告社会人士书》中严正指出：“……查此次遇难学生全属幼年无知，家乡沦陷，含泪而别，远道来此。校方责任何其重大，应如何忠于职守，慎重将事，方不负国家付托之重，家属期望之殷，乃事前既疏于防范，事后复疏于营救，致二十余学生遭此惨死。究竟责任由谁负耶？含泪陈述，至希公鉴。”

李广田得知自己后面的船队里发生了这场惨剧之后，心情非常沉重。全面抗战以来近一年的时间内，李广田没有写过什么散文，也没有写过任何诗作，此时，他面对汉江那浓浓的绿水和恶咒一般的涛声，再也抑制不住自己的悲愤之情，提笔写下了全面抗战以来的第一首诗作——《奠祭二十二个少女》。在一天沿着汉水上游的山径行进时，他以万分沉痛的声调告诉周围的学生说：“为了哀悼她们，我写了一首挽诗。让我念给你们听听。”然后他轻轻地念起来：

唯愿世间完全干枯，
也不要一滴清露。
免得它照见花影，

惊破了多泪的魂灵！
但天地干枯又有何用？
最难晴朗的是我的眼睛，
是谁把二十二个美丽的生命，
送到寂寞的鲛人之深宫！

“俺们还不如杀敌而死！”
我仿佛听到她们在哭诉，
当绿满断岸边的暮春时节，
激怒的江涛化作一江寒雾！

而后，李广田又把这首诗交给几个学生在他们办的壁报上刊登，用了“佚名”的笔名。诗前还有一个简短的“引子”：“她们是二十二个。她们都是从敌人占领区里逃出来的，怀着愤怒，怀着希望逃出了敌人的毒手，但也离开了自己父母的爱护，而代替了父母为国家执行着教育战时青年之责任的先生们，却把她们一股脑儿送入了汉江水底，不，她们的尸首也未能全获，她们大概有的是被送到东海去了。不信舟子的经验，而定要趁江水猛涨时逆流而上，偏见、固执、愚昧，造成了这悲惨的结局……”

22名女生惨死汉江这件事，给李广田留下极深的印象和痛苦的回忆。他在日记中多次提及此事，并把当时死难女生家属发的《告社会人士书》剪贴在日记本上，永志不忘。

5月中旬，李广田偕流亡师生一起到达郧阳，在汉水左岸的郧阳城安定了半年。

在郧阳，有爱国热忱的教职员组织了教职员联合会，针对学校当局的弊端，经常集会评议，还不时“请”学校当权者到会，对他们质询、抨击，把他们搞得狼狈不堪。教育部专员杜光埙还假借看望桑梓师生为名，由武汉到郧阳支持学校当局，“弹压”进步师生。殊不知，进步师生一点儿也不畏惧。他一到，立刻遭到教职员代表的“请教”，两个“回合”之后，他就“称病谢客”了。李广田在这些活动中都很积极。他还大胆鼓动学生也参加评论学校的问题。在作文课上,他出了评论学校当局的作文题,并果敢地对学生说:“大胆写!出了事由我李广田承担!”

有几个爱好文学的学生想自己出一份手抄的文学刊物,李广田热情地答应替他们改稿,还为他们的刊物取名。他考虑了好几个名字,其中一个是“紫塞”,即“长城”之意。同学们都说:“这个好!就要这个!”有的同学还兴奋得哼起来:“把我们的血肉筑成我们新的长城!”《紫塞》每两周出一期,一张新闻纸的篇幅,每期三万五千字左右。诗歌、散文、小说、戏剧都有。李广田写的《奠祭二十二个少女》那首诗,也登在这份刊物上。《紫塞》积极宣传抗日,在学校里的影响相当大。李广田还经常为全校同学做进步内容的演讲,担任一些学生进步社团的指导。

在抗战流亡的这一年中,李广田同青年学生朝夕共处,一起跑路,一起生活,一起如饥似渴地读书看报,开展多种救亡活动。他看到了青年的力量,感到了青年的进步。青年的进步激励着他的进步,促进他的思想发生了很大转变。李广田这样自述过:“自抗战开始,至一九三八年终,这一年有半的时间,我几乎花在了跑路上,而和我共同跑路的就是一大帮孩子,我眼看着这些孩子受苦,也跟着这些孩子成长,我在这些孩子身上看到了将来的希望。这一年半内我一篇文章也没有写,我们只是大家过着一种新鲜的生活,我没有感到过要写什么。到一九三九年初,我们到大后方安定下来了,我才开始写了《力量》那篇短文。”(《回声·序》)而在《力量》这篇文章中,李广田如此热情地赞扬这些孩子们:

> 这些孩子,最大的不过二十岁,最小的仅仅是十三四岁……他们自己磨炼,自己教育,自己开辟自己的生活道路,他们什么也敢做,也能做了。他们像经过了春雨滋润的种子,自己萌发,自己生长起来了,虽然他们身边的环境不一定适合他们的发育,甚至是妨碍着他们的,正如行路人的践踏,或坚硬的地皮,对于一粒刚在拆甲出土的种子一样,虽然要费更大的努力,到底还是一样的生长。他们的眼睛注视得较远,超越了身边的圈子,他们注视着国家、民族、世界,他们注视着太阳。他们自动研究一切现实问题,自动参加一切集团活动,他们不但辩论着一切政治问题,而且有了自己的政治生活。他们不但在各种思想上运用自己的脑子,更能以新鲜方法去判别何者歪

曲，何者正确……在这次长征中，更表现了新的力量之长成。……他们仿佛有无限生命力，他们的生命力是有极大的蕴藏与弹力的。我相信这些萌发起来的种子一定会蔚为大树，开出美丽的花，并结出丰满的果。

青年们的这些提高是抗战给他们带来的。同时，青年们的这些提高给李广田以深刻的教育。在和青年们朝夕共处的密切接触中，李广田“感到了无上的快乐”，他深深地挚爱着这些青年人啊！他在日记中这样写道：“我是多么不愿意失掉这些青年人啊！我愿意从他们身上继续汲取力量，来使我自己再年轻起来。”（1939 年 10 月 6 日）他还觉得，“青年的进步之快简直令人惊讶，这时候已经不是先生领导学生，实际上是学生领导先生了”。在这些进步很快的青年面前，李广田“感到快乐，也感到惭愧，感到必须自勉自励，自己警惕”，也正是基于这样的自觉，李广田认真注意“自勉自励”，自己的进步也很快，和青年们一道，跟上了时代的步伐。他在流亡日记中敞开心扉，兴奋地记下自己思想的变迁：“我现在似在向另一方面转移，我是正要在另一方面充实自己，而这切实的认识，进一步努力将给予我将来的文学生活一大助力——我始终对于文学还是忠实的——然而我之所以转移了努力的方向，岂不也正证明了我的不足吗？……而最重要的还在于生活的力量——世界观与人生观！总之，我现在也许更年轻了些，因为我要学习的太多了，我天天忙着，总是有做不完的功课。”（1938 年10 月 14 日）

从青年的进步中强烈地感受到一种力量——抗战的力量，以青年的进步激励自己进步，和青年一道进步——这是抗战给李广田带来的第一个收获。诚如他在《力量》一文中所说的：“抗战使生命萌芽，使不愿死去的活起来，使活着的变得更坚实，使衰老者变得年青，使年青的变得更合理，更壮旺……”

抗战给李广田带来的第二个收获是：在现实的深刻教育下，经过痛苦的磨炼，抛弃了旧的生活态度，重建了新的生活态度。

在郧阳住了半年，1938 年的 12 月 1 日，李广田他们这支流亡队伍又离开了郧阳，“这主要的原因是许多大英雄在那个小地方，成就了许多不大不小的罪恶，实在令人住不下了”。

郧阳校部官僚机构的很多作为越来越令人讨厌了。昏庸、顽固、贪污、腐败、欺骗，人事摩擦，内部倾轧，苦得一群天真纯洁、进步向上的青年不袜不履，甚至连买草鞋的钱也没有，更谈不到求学和什么训练了。青年们远离在敌人铁蹄下被蹂躏的父老，怀着希望流亡南下，可结果竟是这样！

每当听到青年学生在黄昏时唱着思乡的歌，李广田和一些进步教员的被现实噬啮的心与青年们那些痛苦的心就交织在一起了。

更有甚者，学校当局居然还嗾使自己的子弟和“校狗”持棒威胁进步教员，威胁教职员联合会的“激烈分子”。原济南一中的一部分同学毫不示弱，奋起反击，在学校办公室前打了窃据学校学生自治会主席，为学校当局效劳卖命的校狗路延龄。反动势力也不断地在与进步师生较量……

“这是‘学校’，尚且如此，其他方面如何？抗战一年有半，而尚有如此的教育！这是一个泥潭，我们想尽力澄清它，我们既没有澄清它的力量，我们就应当从里面拔出脚来。走开！”对那些“英雄”们的罪恶，原济南一中的师生们，不愿再看下去了，于是决定秘密夜奔，到四川去。原菏泽中学的一部分学生，应了李广田、许衍梁等进步教员的声望，也参加了这支“从黑暗中走开”的队伍，向西入川。“我们从山东出来，是为了避敌，而现在走开，则是为了避自己的人！”

可是，没想到，才从黑暗中走开，又走进了另一种黑暗之中……

从郧阳经陕西的白河、旬阳等县到四川罗江县这历时两月的流亡途中，“高山、深水、饥饿、寒冷、盗匪、疾病……这是我们的路程标”！

现实给予他们一些什么呢？李广田看到，一方面是生活在荒郊僻野中的百姓，衣不蔽体、食不果腹，住的是绳枢瓮牖。即便是城镇上，也是妇孺丐者遍街巷。秋雨过后，无可觅食，倒毙者甚多，处处可见弃婴成为野狗所食之遗骸。有些百姓愚昧得可怜，不知山东人也是中国人……另一方面，是土匪、兵燹、养鸡县官、贪官污吏、苛捐杂税、抓丁抽粮……数不尽的罪恶，看不见的黑暗。

这种现实给李广田的内心以深深的触动,他觉得:“贫穷,贫穷,也许贫穷二字可以代表一切吧,而毒害、匪患以及政治教育,一般文化之不合理现象,每走一步都有令人踏入‘圈外’之感。”于是,他用笔记下了沿途的所见所闻所感,并把这些纪行的文字作为一个小集子,就取名为《圈外》,于 1942 年出版,后于 1978 年重印时,改名为《西行记》。李广田自认:“我在痛苦的情绪中走过了这一段路,结果所得就只是这几篇苦涩的记载,当然,假设有人读到这书本,恐怕也难免掩卷而叹曰:‘此诚一令人不快之书也!’这倒是无可如何的事。”(《圈外·序》)

让我们从这些“苦涩的记载”中来认识一下“圈外”吧:

设在较大的一个山村鲍家店的区立小学,校长却对战事一点也不关心,只是念经,念“阴骘文”,还每天虔诚地上香叩头。平时他的面孔总是阴森森的,连他屋子里的空气也都是阴森森的。“这样一个古怪人物为何做了校长,又怎样教育一群小孩?”当流亡师生请校长给雇两个挑夫帮伤员挑行李时,这位“阴森森的”校长大人竟又从中吃了他们每人五角钱的挑夫费。

到了陕西白河县这座比郧阳还要荒凉的山城,这地方却如同死的一样,一点生气也没有,一点抗战的空气也没有。人们贫穷、懒惰、吸鸦片。文庙小学的学生举行升旗礼的情景真让人发笑:“七零八落的几个小学生, 眼里含着眼屎, 衣服纽子也不结,胡乱把一面污秽破烂的国旗拉起来就算了,他们的教员先生不曾有一个起来参加。”“这地方的一个保长就非常厉害,他叫谁当壮丁谁就得去,他不叫谁去就免了,有钱也能免,有漂亮女人也能免。”有一家母子两个,让儿媳妇住到保长家里去,于是就靠着这个生活,也靠着这个吸鸦片,还靠着这个,儿子便可以不去当壮丁。

在乌江渡,那些在饥饿线上挣扎的女人,污秽、黧黑、肌黄、面瘦,失去了作为人类的形象,那深陷的眼睛,那干瘪的嘴唇,那焦黄的牙齿,长发披散者,一直垂到颈项……李广田面对这些人,禁不住发出这样的感慨:“我觉得骇怪,而又觉得痛苦。‘人’,‘曾经为人的动物’作为‘我们同类的人’啊,为什么竟不像‘人’的样子呢?”

在荒僻的郧阳县城里,只有一个小学校,而且就在城隍庙里,破屋烂墙,也无力修葺。这里民智不开,文化程度太低,老百姓都不明白抗战是回什么事。人民生活苦极了,都是衣衫褴褛面黄肌瘦。房子都是茅草房,而且都是断墙颓垣。县长管什么事呢?啥也不管。这位从前养过一千多只鸡的县长自己都这样说:“说实话吧。我哪里会做什么官呢?……我的生活也很简单,我的女人还在家里养着十几只老母鸡,说起来好笑,这真不像做官的样子啊。”

吕河口是流亡师生中途停下来饮水的一个小村庄。一些百姓,被保长派了烧开水送来,可是应得的工钱全被保长吞了。其他人都根本不知流亡师生还付钱,只有一个三十四五岁衣衫褴褛的妇人得知了,可是也毫无办法。望着这个满脸为深沉的忧郁所笼罩的、家里无人无手的妇人,“叫人立刻感到那是一个善良而又悲伤的灵魂”。李广田的心里很沉重:“是啊,善良的女人……你一个人,没有了丈夫,也没有儿女,你为生活所迫,又为屈辱所苦。你应当得到我们的报答的,然而你得不到……”

高北阳这地方人家不多,零零星星地散点在山坡和江边上。各家都是低低的茅屋,没有所谓庭院,更没有大门……有一座庙宇却显得特别惹眼,瓦顶红墙,“贫苦的老百姓们,都是建筑了很精美的房子让神们住着。而自己绳枢瓮牖,这无论走到什么地方总是一样的”。这些地方,交通不便,时常无盐可买,大多数贫寒人家几乎永远吃着淡食。

过了阳平关,到滴水铺,替流亡师生挑行李的挑夫要休息了,可是休息了好久不回来,到处找不到。最后看到别的很多挑夫模样的人从一家大门里不断出入,进这家大门一找,终于找到了自家的挑夫,并因此“见识”了这家大烟馆:“我惊讶我自己又走到地狱里来了。而且我也看见了地狱的火光,但那并非熊熊烈火,而只是无数盏暗淡的火光。而每一盏灯下,都侧卧着一个预备由地狱立刻超升到天堂去的人,而他们,他们之中就有我们的挑夫,以及其他像乞丐模样的人。他们一共有几十个,拥挤在几个相连的大床上,鬅鬙的头发下面是干黄的面孔，光着的脊背，遮不严的屁股，沾满黄土黑灰的赤脚……然而他们是幸运的。还有那些不幸者，只好忍耐着毒瘾，手里紧捏着用劳力或其他怪方法弄来的几毛纸币，抖抖擞擞地，打着呵欠，站在门外，在等待屋里有空缺时好立刻补进……”

出宁羌城后，沿途小庙多，香火很盛，并且神龛和庙柱上都涂有鸡毛。跟当地人一打听，才知道本地人出门去做事，都要先到庙里许愿。还愿的方法就是献鸡，所以把鸡毛鸡血都涂在庙上。而从前在鸦片不贵的时候，人们还多是用鸦片还愿，方法是用鸦片烟膏涂到神像的嘴上。于是“我们这才明白，为什么那些神嘴上都还有黑的痕迹”。

1939 年 1 月 26 日，流亡师生到达四川省罗江县。在罗江一住下，李广田他们有机会参加了当地召开的一个抗战的宣传大会。到 9 点钟开会时，宽大的操场还是空落落的；到了 10 点钟，有人了，但七零八落，一点也不踊跃。有军人，有学生，还有一些官吏。开会了，小学生在窃窃私语。场子里谁都不大注意台上主席在讲什么。有的妇人在议论市场米价，有的学生在吃零食，互相说着话。不但场子里的秩序乱，连场外也有说话的嗡嗡声。“场子外面说话的声音，是从许多穿着破烂衣裤打着赤脚的人们发出的，他们远远站在圈外，有的两手剪在背后，有的两臂抱在胸前，有的还挑着粪篮，有的正扶着菜担，在他们黑而肮脏的面孔上，表现出复杂的神情：奇怪、纳闷、推测，多少还有点儿恐怖，仿佛是站在一个玩把戏的场子外面，虽然想进去，又不好意思，就是只在圈子外面偷看两眼也唯恐人家向他讨票钱似的，在那儿逡巡着。……我想：你们还是直接地来听讲吧，你们是‘民众’啊，然而他们不敢，他们反被驱逐了，说是驱逐，是颇严重的字眼，实际上是警察用棍棒，把他们挥退了。”这种时候，李广田自然地联想到前些日子他们住在郧阳城时，那里的行政专员却是每星期一都借用警察的棍子，把“民众代表”——保甲长等，赶进操场开会，行升旗礼，而且赶入圈内之后不准早退，假如早退或迟到都要受罚。此时，李广田的思想很混乱，特别是在听到台上那个主席讲到“唤醒民众”时，他困惑了：“用棍子把民众赶入圈内，比用棍子赶出圈外，是不是好一些呢？”

所谓“圈外”人民的上述一些表现已足以令人痛心地感到，他们的物质生活和精神生活都是多么可悯！并且，更令人痛心的是，“假如我们由此推开一点想，想想中国有多少农村，有多少边远地方，是不是也正在所谓‘圈外’呢？何况圈子里边也并非绝然和圈子外边没有相同的情形，结果，曰内，曰外，实在也有些不大容易分辨了。”（《圈外·序》）

李广田称《圈外》中的这些文字不过是些“苦涩的记载”，然而，正是这些文字真实地记录了他思想的一个发展，即怎样从个人生活的“画廊”转向社会与时代，“渐渐地由主观抒写变为客观描写一方面”的。他看到了黑暗，因此写了不少黑暗，“但我确未立志写黑暗，相反，我却在努力从黑暗中寻取那一线光明，并时常想怎样才可以把光明来代替黑暗。”（《圈外·序》）李广田以那种正直诚实的诗人所特有的敏感，从沿途所见的人、事、物中，也每每感到抗战给人的思想带来的变化，感到民族的觉醒，感到民众的力量。

当他们在向四川行进途中，在山中的公路上，有好几个地方遇到工人们正在忙着炸山开路，响声震耳、石块纷飞、烟尘四起，于是，李广田“看得发呆了”，处于喜悦之中的他在心里暗暗想：“人力征服自然……长期抗战……这一条白色的线要一直拉到中国的边疆尽头……胜利……胜利……可感谢的可钦佩的开路工，我们向你们敬礼……”

当他们沿江岸行进，看到两只负载太重的大船由纤夫们艰难地拉着向前迟缓地移动着时，李广田这样喊出了自己的心声：“这是我们的大船啊，因为那是为了保卫我们的国家，而在艰难的运输着，是为了打退我们的敌人，在艰难的运输着。我们的民族，也正如这大船一样，正在负载着几乎不可胜任的重荷。在山谷间，在逆流中，在极端困苦中，向前行进着。而这只大船，是需要我们自己的弟兄们，尤其是我们的劳苦弟兄们，来共同挽进。”纤夫们喊着整齐的号子：“来呀，我们大家一齐拉……”喘着同样的呼吸，迈着同样的步伐，一齐起立，一齐伏下，艰难地拉着船，喊声随着起伏抑扬着——面对这种情景，李广田激动不已：“我们历来还没见过这样地使用着人力，这样壮烈，而又这样残酷。我们的眼里已不自觉地含了泪水，我们的心弦都拉得很紧很紧，我们被这民族的起舞与高歌所感动，简直为之迷惑了。”最后，不知从什么时候起，也不知是用什么方式开始的，李广田他们的手也都紧紧握住了纤绳。同纤夫们一道喊起了号子："来呀，我们大家一齐拉！""我们在共挽着我们的大船，而大船也总在前进着，一寸、二寸，一寸、二寸……"（《圈外·来呀，大家一齐拉!》）这些文字，深沉地表明了李广田对中华民族经过艰苦卓绝的努力终将获得解放的信心。

在六千余里的流亡中，李广田以一种正直诚实的诗人所特有的敏感，从沿途所见的人、事、物中，每每感到抗战给人的思想带来的变化，感到民族的觉醒，感到民众的力量。他在《青城枝叶》一文中有一个带总结性的说法：抗战以来断断续续地跑了一年多的路，"我们都跑得很结实了，无论是我们的身子或是我们的心。我们看了很多，也经历了很多。我们懂得了'走路'的道理，也懂得了一点生活的道理，而且，我们的抗战之必能胜利，以及这一胜利之实在不易获得，在我们的长途跋涉中也得到了说明。"李广田很兴奋地多次在日记中记录下自己的思想"在向另一方向转移""正要在另一方面充实自己"的变化和提高。

在这种兴奋中，李广田还计划写两部长篇小说。一部是写一个中农家庭的衰落史。准备以自己的家庭为原型，就以王爸爸为主人公，以二哥的投荒死于西北，自己的入狱并连累三哥，大哥终生的劳苦节俭为穿插，以故乡桃熟时为背景。

另一部原取名叫《颓败线》，后又拟改名为《酵母》。他说："其实，我们这些人都是抗战中的颓败物，不过有的人已在这条线上颤颤欲断，有的人却还可以维持下去，也有人从此要改弦更张，从颓败线过渡到新生线，这就是人的改造。我以为'人的改造'应当是长期抗战中的一大收获。假定根本没有这一收获，则抗战胜利恐无希望，即侥幸胜利，也保持不住。我的长篇小说即将以'人的改造'为主题，主要人物都是由颓败中生活起来去参加新的生活，参加更有意义的战斗。事情的本身，已经发展到了相当的阶段。再向前发展，就完全是新的事物了。因此，我不想再用'颓败线'这个名字，因为这只有否定的意义，而无积极的指示，我想用'酵母'或较好些。"（《西行记》）

遗憾的是，由于生活颠沛流离，这两部长篇都未能完成。不过，仅就它们主题的设想和初步的构思来看，已颇能说明李广田思想认识的提高，颇能说明他在现实的深刻教育下，重建了生活态度。能够在全面抗战才一年半的时候，便看到“人的改造”是抗战的一大收获，并认识到这一收获对于抗战胜利的重要性，这确是难能可贵的。而李广田自己能这样“从颓败线过渡到新生线”，这又正是抗战的力量！正如他在《力量》一文中所说的：“抗战使颓废者振奋，使残疾者健全，使怯懦者勇敢，使自私者无私，使愚昧者觉醒，使迷信者信任科学，使做梦者认识现实。”

这对于几年前在大学时代还埋头书斋，只会抒发个人苦闷寂寞的感伤情绪，“忘了外面的大天地”的这样一个小资产阶级知识分子来说，实属不易！此间经历了多少苦闷、多少艰辛、多少磨难！就在多少痛苦的磨炼之后，李广田终于抛弃了旧的生活态度，选择了正确的道路，重建了新的生活态度——这是应该感谢抗战的！李广田自己也这样说：“对于任何事物，不亲身感受就不易认识它的真面目……我们这一次从敌人的炮火中出来，在六千余里的‘冥途旅行’中，使人认识了从前不曾认识到的事物，但是我并不悲观，反倒更觉得强健了起来，我得谢谢这一段生活。因为只有在这种生活中，一个人才能学得到斗争的方法，最低限度也可以磨炼自己。”（《日边随笔·二》）

第三节　时代“锻冶厂”

抗战给李广田带来的更大的收获，是他在对政治问题的认识不断提高的过程中，也不断地在否定自己旧的文学见解，逐渐地树立起新的文学观点。

李广田他们原济南一中的流亡队伍，从郧阳“夜奔”之后，经过两个月的徒步跋涉，到达了四川罗江县城。“于暮色苍茫中过金雁桥，到罗江城已是昏黑。我们总算到了‘家’”。

罗江，是一座四周都是丘陵的山城。出北门，城外不远便是纹江。那微波粼粼的纹江上，雄踞着13孔的大石桥——金雁桥。县城很僻静，也很小，半小时就可把整个县城走遍。“这个小城简直是个小村庄，简单极了，也朴素极了”。

就在这座袖珍的小城里，李广田他们安顿下来，被编为国立第六中学第四分校。他们从简建校，时间不长就正式开始上课了。

李广田把作家陈翔鹤和方敬两位，先后从成都请到罗江四分校共事。另外，分校校长孙东生请来了刚从西北联大毕业的陶稷农。陈、方、陶三位都是地下党员。陈翔鹤当时还是中华文艺界抗敌协会成都分会五名常务理事之一。

他们三位的到来，直接给青年学生带来了党的领导思想，使这所学校出现了崭新的局面。与一般的中学大不相同，学校里面没有“三青团”组织（直到后来孙校长被调走才建立），虽然也有几条鹰犬，却成不了什么气候。学生自由读书、自由结社、自由出版壁报，而且由学校无偿供给纸张笔墨。校内墙壁上各种壁报琳琅满目，校外街头也满是四分校学生的各种“大众救亡墙报”。李广田还负责亲自上街阅读这些墙报，定期在全校师生集会时公布评比名次。学生自由组织的读书会、座谈会也为数甚多。李广田等教师在课堂上用的教材，也是自己选印的活页“国文讲义”，而不是正中书局出版的国语课本。党的一些出版物上的文章，也被选来在课堂上向学生讲授。

陈、方、陶三位到学校来时，都带了地下党的组织关系，方敬负责领导建立党小组，并在学生当中发展党员。罗江城虽说是个不起眼的小地方，但地处当时的交通动脉川陕公路线上，对于革命活动的地位较为重要。党在这里建立了地下组织积极开展工作，四分校即是其中的一个重要阵地。分校党组建立后，团结进步教师，在青年中积极培养发展对象，使得学校的政治空气很活跃。

李广田是陈翔鹤、方敬的老朋友，李广田在进大学前就认识陈翔鹤，读大学时，因何其芳的关系，又与方敬成为至交好友。此时，李广田虽然不知道陈、方二位的地下党员身份，但他们三人之间的友谊已到了无话不谈的程度。在朝夕相处、情谊日深的情况下，陈、方二位对李广田的影响是很深的。此时李广田虽然还不是党员，但他的思想活动确实是在党的直接影响之下的。他仿佛年轻了许多，思想十分活跃。方敬后来对这段难忘的岁月有这样的回忆：

> 每每晚饭后，夕阳西下，广田、翔鹤和我漫步到金雁桥畔或落凤坡前。我们走走，停停，边走边谈，或者停下来闲谈。广田说他在这里有些闷，很向往延安那革命圣地，就像其芳那样去到那边就好了，可以呼吸新鲜的革命空气，让革命的阳光晒晒自己。这是我们深心里共同的愿望，我们都抱有美好的理想。忽然他指着一片金黄色的菜花说：“多美，菜花灿灿使我思念山东平原上的麦色青青。”停了一会儿，他大笑一声，把右手捏成拳头猛击出去：“打回老家去！”翔鹤和我都不禁笑了。然后他低声说他把爱人景逸[①]和尚在襁褓中的女儿小岫抛在沦陷区老家，一看见一两岁的小孩就想起了小岫，不知他们现在受什么罪呢。他流露出父亲的爱念之情。我们都希望快想办法接他们出来。广田凝望着远天沉思，不说话了。在薄暮中，在归途上，广田激愤地说，要想抗战早胜利，非打击反动势力不可，学校那几条鹰犬，要发动群众斗他们，他们是破坏抗战的。[②]

这段回忆真实地说明李广田此时思想中的革命因素和进步倾向已经很明显

---

①李广田的妻子王兰馨，号景逸。

②方敬：《地之子——忆李广田同志》。

了。正因为如此，所以他在青年学生中很有威望。党组织很重视和团结他这样一位有威望的进步教师，来充分发挥他的作用。在通过语文教学和课外文学活动去启发学生进步、指导学生提高、鼓励学生革命方面，李广田起了相当积极的作用。学生接受他的进步影响，进步了的学生又促使他继续前进。他与学生形成了一种完全建立在进步思想基础之上的新型师生感情，他赢得了进步学生的衷心爱戴。

李广田从流亡以来就开始注意接触马列主义。到罗江之后，在陈翔鹤、方敬等共产党人的影响下，他加强了对马列主义（当时称社会科学书）的学习。清早，在熹微的晨光中，晚上，在暗淡的桐油灯下，总见他孜孜不倦地阅读马列主义的革命理论著作和抗战书刊，如《什么是列宁主义》《政治经济学讲话》《辩证唯物论》《列宁的故事》《少年先锋》及普列汉诺夫的文艺理论书籍等。他还订阅了《新华日报》《群众》等党的报刊。

他对马列主义的刻苦学习，在当时的同事、学生中都留下了很深的印象。他当年的学生孙跃冬（后成为新华社成都分社记者）说："他利用休息时间，拼命读书，而且多少次在谈话中劝我要多读些社会科学书籍，他强调说：'这些书是非读不可！'记得我们步行来到陕西城固县时，在书店偶然买到一套马列主义文艺理论小丛书，是从日文转译来的，他真是欣喜若狂，后来在罗江一本本都读完了。"

李广田自己的日记和文章中也有这一方面的记载。比如，收入《圈外》的《西行记》一文中说："（1938 年 12 月）二十七日，早晨有微雨，迟至十点半出发，下午一时到汉中。城大人多，商业繁盛，唯此地无大学生，故并不觉得讨厌。书店颇多，购文艺理论书十种。"又如，《青城枝叶》（亦收入《圈外》）一文中也这样记道："（1940 年春）到达灌县时……沿堤，入公园后门，又入城，不料在一家小商店内买到两册旧书：弗里契的《艺术社会学》、普列汉诺夫的《艺术论》，书里夹着干枯的花瓣，那退色的花瓣还保持着一种特别的香气。"

方敬在 1982 年为《李广田文学评论选》所写的序中也这样提到："'七七事变'后，他就开始钻研马克思主义文艺理论，思考和探讨抗战文艺问题。1939 年至1940年，我们同在他随之流亡到罗江小县城的那个中学教书，他早起晚睡，手不释卷，孜孜阅读普列汉诺夫的《艺术论》、卢那卡尔斯基的《艺术论》、片上伸的《现代新兴文学诸问题》、高尔基的《论文学》和其他文艺理论书籍。”

对马列主义及文艺理论的刻苦学习，除了帮助李广田对许多政治问题有了越来越清楚的认识外，还帮助他抛弃了旧的文学见解，逐渐树立起新的文学观点。

1939年初，当他写作散文《力量》时（这篇文章发表在成都文协的会刊《笔阵》上），他就这样说过自己的感觉：“我简直连笔都不会用了，我心里有许多话，可是我说不明白……”之所以感觉如此，盖因为他的思想起了大变化，他不能也不愿意再提笔像过去那样继续写下去。他要一切重新开始！

大革命时期的李广田曾经对文学与革命的关系有过糊涂的认识，错误地认为文学与革命二者不可兼得，为文学与革命的矛盾深深地痛苦过。现在，在抗战现实的严峻教育下，有共产党人的影响、帮助，有马列理论的启迪、指导，李广田此时完全消除了从前那种以为“文学与革命是不能和谐的”思想矛盾的痛苦，深刻理解了当时关向应同志对他的忠心劝告：“即是文学，也有革命的文学和不革命的文学之分，要能做一个革命的文学者，就可以消除这种矛盾的痛苦了。”并且，他脚踏实地地开始身体力行，努力地在“做一个革命的文学者”了。

他为适应抗战的要求，结合实际，精心编选国文教材，在课堂上讲授抗战文学作品和理论文章。在课外鼓励同学们阅读鲁迅小说和《毁灭》《铁流》等革命文学作品。他热情极高地同学生一道，在校内外开展救亡工作。他说：“学生们在校外展开救亡工作，在校内也展开了学习运动，思想斗争更是日趋尖锐化。在工作中，我感到了无上的快乐，因为我同青年人紧紧地结合在一起，我们共同生活，把流亡学校造成了一个战斗的堡垒。这时候，对于政治问题，才有了更进一步的认识，对于文学，也确定了新的观点。”（《自己的事情》）

他对鲁迅的文章也有了新的认识。他就这样说过鲁迅的杂文：“那些杂感本身就是很宝贵的，因为那不但是‘好文章’，而且那里包含了各方面的文化问题，那不是只限于文艺的，有更广大的用处。‘没有革命的理论，就没有革命的行动。’我们得承认这句话，鲁迅那些杂感就是一种‘理论’，那可以指示我们一种方向，而那又是正确的方向。”（《回声》）

李广田逐渐确立起来的新文学观点，更显著地体现在他尽心竭力主编的校刊《锻冶厂》中。为了给青年学生开辟一块发表文艺习作的园地，借以对他们更好地进行指导和培养，李广田想到了创办一个小型的文艺刊物。这个想法得到了学校的支持，经费从学校经费中支出，办成铅印的月刊。李广田担任主编，写稿人绝大多数是本校师生。这个文艺月刊是四分校的校刊，但又不完全是校刊。李广田不想把这个刊物办成仅仅是四分校的校刊，从其他分校或校外寄来的稿子，只要是好的，他便优先选用，并且，在写“编者的话”时，李广田也是写成面向校外的语气为多。这个刊物是李广田取名为《锻冶厂》的。他告诉同学们，这是借用苏联革命早期一个文学团体的名字。他还说：“我们处于一个伟大的时代，我们都在经受着锻炼，你们年轻人锻炼更好些，将来都能够冶成一块很有用的好钢，我喜欢这个名字。”

《锻冶厂》创刊于 1939 年 6 月 1 日，终刊于 1940 年 7 月 1 日，一年零一个月的时间里共出版了 10 期。当时因为日机空袭影响，加上成都印刷困难，刊物未能每月按期出版。由于国民党反动当局的不断迫害，最后只有自动停刊。刊物上印着“锻冶厂编委会主编”，实际上就是由李广田在负责。每期刊物，从组稿、看稿、改稿，写“编者的话”以及到编排，都是李广田一个人利用课余时间坐在他那间小寝室做的。最后，他还要亲自将编排好的稿件交到邮局（从邮局寄到成都球新印刷厂），刊物为 16 开本，土纸印刷，每期 8 页，约容纳 14 000 字，售价 2 分。

创刊号首页刊登的是李广田执笔的以锻冶厂编委会名义写的发刊词，其中说道：“对于我们，这伟大的时代，正是一个最好的锻冶厂，我们将在这工厂中锻冶我们自己。我们一方面要锻冶我们的手艺，希望能为这‘抗日救国’的伟大时代画一些光荣的记号，一方面更要锻冶我们的整个生命，使我们的力量变得更加坚强，更有耐性，以期为国家民族多尽一些应尽的责任。”

李广田、陈翔鹤和方敬都带头把自己的作品交给《锻冶厂》发表。李广田和方敬先后各发表了3篇，陈翔鹤发表了5篇，理论文章、散文和诗歌都有。

方敬的诗作《一个礼赞》是专门为《锻冶厂》写的，作为给同学们的“见面礼”，发表于第四期（1939年9月出版）上。诗中对这个“锻冶厂”赞颂道：

让理论与实践配合着，
让每门功课开着花，
让话剧公演开着花，
让大众壁报开着花，
让各种集会开着花。
在真理的熔炉里，
锻炼着钢的链索，
锻炼着民族的命运，
而它美丽的未来，
闪烁在你们工作时间的微笑里，
休息时的歌声里。

陈翔鹤发表的五篇文章中，有一篇题为《〈在风砂中挺进〉序》，副题是《几百个中学生由山东到四川六千里流亡实录》。《在风砂中挺进》一书，是李广田和陈翔鹤花了很多心血，具体指导孙跃冬等17名学生写出的一册报告文学集。当济南一中这支流亡队伍到罗江安定下来后，李广田便考虑发动大家集体创作一册报告文学集，将大家流亡途中所见所闻及亲身感受体验，分若干篇有系统地记载下来。经过研究，在校内公开贴出征求作者的启事，报名的共有17个学生，遂组成写作班子、分配任务。最后共写成30篇，约10万字。

陈翔鹤为此写的序中说：“（学生写出的）一片段一片段的，以描写和叙述他们在流亡中，所亲身经历的种种过程为多。自然，这一切于他们太有关系了。近二年来，他们每个人都几乎从这里面成长了起来，起初是敌人的炮火、飞机和炸弹，其次便是他们在饥渴劳顿中所跨过的鲁、豫、鄂、陕等省区已行破产而且落后的一座座的大小城镇和农村。而且还有一点，我们必须注意……中国劳苦大众的生活水平实在降低到悲惨得无可再悲惨的境地了。——这些都是从这些青年们的忠实叙述上可看得出来的。”又说:“如果有一个人愿意去‘卧游’(看)一遍,和愿意去看看从鲁、豫、鄂、陕到四川,这六千多里内的广大面积,其中的城镇乡村,一般的劳苦的民众所过的生活,是怎样的情形,以及抗战对于他们真有何关系,或者毫无关系,那我想,他读了这本书,是决不会认为‘空无所获’的。”

序中还指出:“他们(指作者)都太年青了,关于中国旧社会的种种‘玩意’和人世的一切都是何等的艰难而且复杂,他们都似乎还不懂得,所以有时对有些负责人(指官吏),也不免毫不客气地要加以‘口诛笔伐’,略有微辞。”最后认为,17位作者是“已经睁开了眼睛”,“以后要想使他们再行闭上眼睛,那一定颇为困难的了。……借这本书的力量,聊当作一个耳光,来重重地打在计算将中国全体青年闷杀,以达到自己升官发财之道的猪狗们肥胖的脸上!”

为了写好这本《在风砂中挺进》,李广田、陈翔鹤多次召集 17 个作者开会研究。稿子写出后,他们俩又加以删改,最后定稿。本来曾打算选一些在《锻冶厂》上陆续登出,终因怕占用太长篇幅而作罢,准备拿去铅印出版。只是后来不久,国民党教育部听说这所学校办成了一所红色学校,遂下令调走孙校长,解聘李广田、陈翔鹤和方敬(陶稷农在此前已离开罗江),这本书当然不可能再出版了。有哪家出版社愿为被称为“红色学校”的学生出版这样的作品呢!

《锻冶厂》在团结校外力量方面,也做了很好的工作。凡从其他分校甚或校外寄来的稿件,只要质量好,均优先采用。第五期(1939 年 10 月出版)上刊出的小说《麦子秀穗的时候》是德阳二分校朱鸿勋(即文学评论家朱寨)写的。小说较长,约 14 000 字。在当时初中学生中,能写出这样长的作品并不多见。虽然李广田与作者素不相识,但他认为:“写得不错,长也要用!”尽管占了本期三分之二的版面,还是发表了。并且李广田郑重写了一则编者“附记”:“这篇小说是从德阳寄来的。编者愿意负责向读者特别推荐这篇作品,希望读者多分一些注意给他。作品的特色,请读者自己去发现,编者除感到这刊物篇幅太少,不能多多发表像这样较长的作品为遗憾外,似乎不应再说什么了。”因为这篇作品,朱鸿勋从此便和李广田通起信来,探讨文艺写作问题。不久之后,他离开四川去了延安,一直未能同李广田见面。

当时一分校的学生李崇肖(即作家李方立)写的两首诗《警报前后》和《奔波在长道上的马群》,在《锻冶厂》所发全部诗作中,也占了较大的篇幅。这两首诗因写得比较成熟而受到李广田的重视,因而用较大的篇幅予以发表。他也是因此同李广田开始通信。后来在去延安的路上,还发了一封信给李广田,暗示自己奔赴延安参加革命,特向老师告别。能把自己最秘密的行踪告诉李广田,这除了可看出他们师生之间的深厚情谊之外,更可看出学生对李广田的高度信任。

《锻冶厂》实际起到的作用,绝非仅仅是文学艺术方面,更重要的是团结了一大批青年,向他们进行革命的教育,引导他们走上革命的道路。诗人贺敬之在到延安之前也是国立六中一个分校的学生,几十年之后他还一直记着这份小小的文艺刊物。他在20世纪80年代初还深有感触地这样说过:“当时这个小小的文艺刊物起了很大作用,吸引着多少爱好文艺的进步青年!”这个刊物之所以能起那么大的作用,作为主编,李广田做了大量工作,而他正是在党组织的启发影响下,在几位党员教师的帮助下,不断树立新的文学观点,才做出了这样的成绩的。

1940年7月,李广田收到中学时代的挚友邓广铭(字恭三)寄来的一本《雀蓑记》,这本写和编成于“七七事变”前的散文集,直到1939年5月才得以出版。而此时,对政治问题的认识和文学见解都有了很大进步的李广田,看着自己四年前的这些作品,已经感到生疏,心里泛起一些惆怅和茫然。他在7月8日的日记中这样写道:

> 恭三寄来《雀蓑记》,封面极雅洁,图案画即挂雀蓑,甚满意。内容有些已是忘掉了,看起来颇觉生疏。在扉页上我记了这样一段话:这些文字的写作时间,是截止在二十六年六月二日,正是抗战的前夜。于二十八年五月出版,今天,二十九年七月八日,才得到恭三从昆明寄来的这一本。我匆匆把它读过,觉得有些惆怅,又觉得有些茫然,“这真是我自己的吗?”我不能自已地这样自问了,然而这确是我自己写的,我却把它当作别人的文章看了,因为我自己过去不甚了然的,现在也了然了,我是用了现在的一点光,去烛照了过去的一些阴影……

第四章

联大岁月

第一节　回　声

1941 年 2 月，因在学生中传播进步的文艺思想，讲授苏俄作品和鲁迅作品，李广田与陈翔鹤、方敬同时被国民党当局解聘了。李广田离开罗江四分校后，经卞之琳介绍，到西南联大叙永分校任教。他带着妻子和两岁半的女儿，从川北的罗江经过成都，到达四川南部的叙永县——一个荒僻的小山城，在这里过了半年多的教书生活。

西南联大四川叙永分校是 1940 年 9 月设立的。因为在此之前的半年，昆明连连遭到日军的轰炸，联大便计划日后一旦情况紧迫，就迁往四川。于是 9 月份在川南的叙永县设立了分校，作为今后迁往四川的预备措施。叙永分校经过一段时间的筹备工作，联大一年级的新生于 1941 年 1 月 6 日开始在叙永分校上课。后来，昆明的轰炸渐渐减少，局势稍趋安定，于是，西南联大的迁校之议又作罢论，叙永分校也于 1941 年 9 月迁回昆明，并入本校。

李广田到叙永后，课程繁重。这段时间没有写作和发表很多文章，只是记记日记，写了几首诗。其中写于 7 月 13 日的一首诗《给爱星的人们》，发表于《中国诗艺》复刊第三期上。这是值得一提的一首诗作。

如果说，在罗江的那些日子里，李广田的思想已经发生了明显的变化，把自己的命运与国家民族的命运连在了一起，诚如他在 1940 年 2 月写的诗《一朵雪花》中表达的那样：看到了人民的力量，愿意和人民一道迎接胜利的春天。那么，过了一年之后写下的这首寓意深刻的《给爱星的人们》，则是进一步表达了他的这种争取胜利的愿望。

在这首诗的题记中，李广田先写下了这样的话：“一连读到几个人的诗和散文，他们都异口同声地赞美着天上的星星。”接下去，李广田开始吟道：“祝福你爱星星的人们/你们生于泥土而又倦于泥土的气息。”而李广田自己的态度却是："我呢，我却更爱人的星星/我爱那作为灵魂的窗子/而又说着那无声的温语的/人的星星。”

有些人是尽在那里赞美“白云间的金星是美丽的”，在那里钦羡“万里无云的星空却更美”，可是李广田不是像他们那样，他的目光所注意的，是“人的星空”，而不是那种虚灵缥缈的夜空，他表示：“是的，我们却更要发下誓愿/把人群间的云雾完全扫开/使人的星空更亮，更光彩/更能够连接在一起，更相爱。”

这种胸怀是可贵的，这种“完全扫开”“人群间的云雾”的精神是勇敢的。更值得赞许的是，诗中还流露出了更高的一种精神境界：

而且，我们还更盼望
叫别的星球上的爱星者
指点着我们这个世界
看啊，我爱星，我爱顶亮的那一颗。

这里所表达的，看来已经不仅仅是一种强烈的民族意识和爱国精神了，显而易见，其中已经包含了要把整个世界的“云雾”都扫尽的意思，要使整个星球上的人群都和睦相处，过上幸福的生活，让自己这个星球整个地成为其他星球上的人们企慕的对象。

诚然，这时的李广田还并不是坚定的马列主义战士，上述诗句也并不是他的战斗檄言，但是，就诗作中表达出来的那种渴望民主、渴望和平的思想来说，在当时的历史条件下，是有其相当的进步意义的，是值得充分肯定的。这起码能够表明，诗的作者已经在大步向革命的目标靠拢了。

与《给爱星的人们》一样，能从中见出李广田思想上的进步的，是他 1941 年底到昆明后，根据在叙永半年多的日记写成的 6 篇文章：《礼物》《两种念头》《悔》《到橘子林里去》《根》《一个画家》。这 6 篇文章都收入了《回声》这部散文集中。《回声》于 1942 年初编成，1943 年 5 月由桂林春潮社出版。

关于这6篇文章，李广田在《回声·序》中坦率地这样说道：“后来我到了叙永，在这里我忙于职业的工作，未曾写什么，我只是记记日记，但也未能贯彻始终。但这些日记对我却有了用处，我到昆明之后，就根据日记写了几篇小东西，也就是这集子里的前7篇，所以这里还保留了一些日记所特有的意味。从这些东西，就知道我有了一些变化，自然，生活变了，一切也就变了。”

这6篇文章几乎都是在一种恳切的自我解剖中，朴素地抒写了一个艰辛地生活在大后方的爱国知识分子的思想感情——他脚踏实地地生活在普通的下层人民之间，有苦恼，有烦躁，也有寂寞，有辛酸，有对人民的同情，对抗战的热情，更有对真理的向往，对光明的追求。这些文字向人们表明，它的作者已经在生活的道路上看得很远，在严肃地比较、选择自己应走的生活道路了。

《礼物》从自己夜间在妻儿睡着之后开始看书工作写起，先回忆了青年时代到省城读师范学校时，因为穷，每次假期回家时，都没有钱买任何礼物（哪怕是一个小玩具）给弟弟妹妹，只能在无人时，从寝室字纸篓里拣取一些别的同学丢弃的“已经干得像河流石子一般的白馒头”带回家去，“给我那从小以大豆高粱充塞饥肠的弟弟妹妹们作为礼物”，还有就是在乘船时，从河岸上捡拾一些“大小不等，颜色各殊”的贝壳带回家去作礼物。接着，由这件事的回想，“就又想起了另一件事，这却是今天早晨的事了，今天报载某某大资本家发表言论，他说他自己立下一个宏愿：将来抗战胜利之后他要捐出多少万万元，使全国各县份都有一个医院，以增进国民健康，复兴民族生命”。针对这件事，作者首先坚定地提出，“抗战当然是要胜利的”，希望这个资本家不要存半点疑惑，做好把钱拿出来的准备。由此联想到自己：抗战胜利之后，应当拿出点什么来贡献给国家呢？接下去作者却又进一步表示：“假设我有可以贡献的东西，哪怕是至微末的东西，哪怕只是一只贝壳或一块干粮，我还是现在就拿出来吧。”这里的笔锋所指是明显的。就这位“有钱的同胞”这种开“空头支票”，不务实际的虚伪做法，作者明确地主张：凡同胞都应当要为抗战作贡献，要作贡献则理应“现在就拿出来”，不管能力大小，贡献多少，“哪怕是至微末的东西”！这个主张显示了作者对抗战的诚恳切实的态度。

《两种念头》表达了作者在严峻现实面前的选择。文中先写雨夜之梦：“更奇怪的是我又看见——不是梦见——一个婴儿，这婴儿已经很久不见笑容了，他也许就要死了，但是那小脸上又忽然显出一点微笑。那微笑显示一个光明世界，照得每个人心里都发亮，然而可惜，那微笑却瞬息即逝，而我的心却在说，这就是我们的国家，这就是中国。”本文的写作时间是 1941 年。这是抗战史上最黑暗的年头，“皖南事变”的发生彻底埋葬了团结抗战的局面。看得出来，作者是借梦中“婴儿”的“微笑”“瞬息即逝”来感叹团结抗战的局面不复存在了。文章最后，作者用一本书上印着的这样一段话点题：“有两种互相矛盾的念头，在人类的内心越冲突的厉害了——想做得好一点的念头和想生活得好一点的念头。在现存的生活的乌烟瘴气里，要调和这两种倾向是不可能的。”这段话是作者自己的想法陈述，只是假托书本所印的来表现，来“卒章显志”罢了。作者在严峻的现实面前有过矛盾，在矛盾的想法中痛苦过，在两种矛盾的念头中选择，是走“做得好一点”的道路，还是走“生活得好一点”的道路？而处于现存的生活的乌烟瘴气里，作者最终明白了“要调和这两种倾向是不可能的”。这样，作者对自己，也是对读者提出了一个严肃的课题。事实证明，作者选择了“做得好一点”的道路，唾弃了“生活得好一点”的念头，与广大灾难深重的人民站在了一起。其实，文章开头的梦中对此选择也是有所暗示的。作者这样写道：“我梦见我行走一段极其光滑的石板路，这条路仿佛是升到一座高山上去的，非常陡峭，路面又非常窄狭，其窄狭的程度真可以说是才可容足，而路的两旁就是深潭……我在梦中常常到这里来，常常来攀登这一段极险的路，就像在我们的日常生活中要常常经历那些艰难困危的道路一样。”试想，“生活得好一点”的道路难道会是这样的吗？

《悔》一文表现了做父亲的因对孩子暴躁，而后产生的悔过心情。尽管自己也常意识到，并且常提醒自己“以后再也不要这样狂暴了”，然而无用，又是一次“无理性的发作”……这是日常生活的琐事，可是，就在叙述这样的日常琐事之中，饱含了作者的辛酸。沉重的生活担子，把多少处在社会下层的普通的善良的人们压得喘不过气来啊！人们在黑暗统治下，在泥泞的生活中挣扎着，“心里含着一大包的悲痛”。贫穷、困苦、乌烟瘴气，把人们的心煎熬得多么难受！作者下面这段话无异于一种对罪恶社会的控诉：“我不知道我为什么竟会如此暴躁，我以为这种坏脾气是以前不曾有过的，然而现在却有了，归咎于这里的坏天气吧，归咎于生活的压迫吧……”

《到橘子林里去》写在一个晴天里，父亲实践自己许过的诺言，带小女儿小岫到橘子林去一路上的所见所感。内容很简单，在去的路上看到有两个赶大车的北方人在给马修理蹄子，钉马掌，小女儿要停下来看。看完后，小女儿就吵着要回家去找剪刀剪自己的小指甲去了，于是连橘子林都没到，全文便结束了。其中作者重点写了看车夫钉马掌的情景，花了很多笔墨写车夫，写车夫的动作以及对马的感情；写马，写马对人的感情；还写了父亲对车夫的感情。起初，父亲仅是陪小女儿停下来看，而看着的时候，与小女儿想的可就完全不一样了。父亲想到的是国家民族的灾难，民众奔波的艰辛，想到“他们（车夫）走的这条大道是抗战以来才开辟的，他们把内地的货物运到边疆上出口，又把外边的货物运到内地，他们给抗战尽了不少的力量”，而父亲对他们的感情，是“他们时常叫我感到那样子的可亲近，可信任”。车夫对马，“是抚慰，是恩爱，是商量它，体贴它”，“一只手按在它的鼻梁上，是轻轻地按着，而不是紧紧地按着，而另一只手，就在梳理它的鬃毛，正如一个母亲的手在抚弄着小儿女的柔发”。这篇散文是写实的，文中的父亲便是作者自己，小女儿小岫便是作者的独女。作者在朴实的叙写中，把自己对车夫的感情写得相当深厚，把车夫对马的感情写得相当深厚……这其中，实在是深藏着一种对民族、同胞的爱和对抗战的热情。作者还用拟人化的手法写了一段马对车夫的“话”，借马的口表达了自己对沦陷的北方土地的深沉眷念之情：“我们走的路太远了，而且又多是山路，我的蹄子最容易坏，铁掌也很容易脱，慢慢地修吧，修好了，我们就上路。我也很怀念北方的风沙呢……”

《根》一文是用写“根”来表现作者思想上的进步的。在这里，作者把根分为两种，而且，含意深长的自认身上有这么两种“根”。对前一种“根”，作者的态度是“爱”；对后一种“根”，作者却是憎了。前一种“根”，作者是用比喻来暗示给读者的：“我爱树，尤其爱大树……‘树大根深’，我就喜欢这句话。你看，一棵大树，它用它的根直接从大地吸收养分，它把根扎得深深的，又伸得远远的，它的根能穿过坚硬的石头，能从河底的这边穿到那边。它生得那么稳固，于是人不能拔，风不能推，却只在大风中摇摆出一种可爱的姿势，这够多么好。”全面抗战以来，李广田何以能够重建新的生活态度和新的文学观点，带领流亡学生克服重重困难，创办进步刊物，宣传抗日，和青年一道进步？从这段关于“根”的形象的比喻中不是可以找到有力的说明吗？后一种“根”呢，作者是明白地直言了：“有一个时候我还曾经立志要‘连根拔起’，但那根并不是指的这根，那是说旧的意识之类的根，那妨碍我发扬、扩大，妨碍我生得更坚硬、更泼辣的根，我真愿把它掘出来，烧毁它。”作者那种对进步的追求，对真理的向往之心跳动在字里行间。

如果说，上述从《礼物》到《根》这5篇文章，都是通过写自己亲历、亲见的身边事来直接写出自己的感受和见解，那么，《一个画家》则是借刻画一位在很多方面与自己相同的人来表现自己的思想的。在某种程度上说，这篇文章是带有自叙性质的。

《一个画家》中的这位画家写的是作者的同事——美术教员桑子中。桑子中与作者有着很多相同之处：同是出生于山东农家（只不过一个是出生山村，一个是来自平原乡间）；同是家境贫穷、生活艰辛；同是由于先天的因素和后天的生活环境，养成了一种艰苦卓绝的精神；同是历尽千辛万苦，在北平受完了高等教育（只不过一个学画，一个习文）；同是大学毕业后回到济南在同一所中学里做教员；同是在抗战开始后从济南出发一道流亡，经河南，到湖北（李广田为之取名的学生刊物《紫塞》的刊头还是桑子中精心绘制的呢）；同是迄今依然保持着艰苦卓绝的精神和朴实可爱的农民气质；同是生活的趣味扩大了，爱“人”胜过爱“自然”了……于是乎，作者便借，而且也完全可以借写这个画家来写自己了。文章在对画家的生平做了一番叙述之后，借介绍画家透露了流亡生活给自己带来的感情上的变化：“而这一段生活，以及这一路的山川景物所给予画家的影响就更大。”“这一来画风大变了”，“人也不同了”，“心思也不同了”。接下去，作者趁此机会表达自己的心愿说：“最近……变得更厉害了，从前是只画自然界的景物的，现在却喜欢画‘人’了，喜欢以社会生活作为对象了。”这种思想变化，正是作者早在1939年初《西行记》中指出的“人的改造”的一种。他在《西行记》中这样说：“我以为‘人的改造’应当是长期抗战中的一大收获。假定根本没有这一收获，则抗战胜利恐无希望，即侥幸胜利，也保持不住。”他这种看法随着苦难岁月的磨炼，到了两年之后写作《一个画家》的时候，显得更深沉、更坚定了。在《一个画家》这篇文章的结尾处，作者寄语画家的这一段话，正是作者又经历了这两年的风风雨雨之后的意味深长的表示：

> 这实在是一个暴风雨的时代，我想你不但要在这暴风雨中工作，还应当为了这暴风雨而工作，为这时代留一些痕迹，为这时代尽一些力。不错，你曾经画下了我们的山河，却保不住我们的山河，山河将何以自保，除非有“人”，没有“人”是不行的，自然界没有人也是不行的，是不是？何况国家？这时候，再没有比“人”更重要的了，再没有比“人的力量”更重要了的，艺术家应当爱“人”胜于爱“自然”，对不对？

这完全是作者自己的心声。实际上，作者这一阶段的团结进步青年、热情宣传抗日、靠拢地下党组织、认真学习革命理论、讲授进步文章、积极同“鹰犬”作斗争等行动，已有力地表明了作者在努力“为这时代留一些痕迹，为这时代尽一些力”。现在，作者明确地道出了这些话语，显然地表示要以自己的作品服务于这暴风雨般的时代了，这更是令人可喜的。这一段含意深长的话语，意味着作者此后的作品将要有更健康的内容，要有新的绚烂的生命。这预示着，作者的一个新的发展阶段就要开始了。

《回声》这部散文集同时还收入了写于 1939 年的《活的语言》《力量》《民族的颔首》《新人的站起》等文章，于 1939 年、1940 年写成的 4 篇书信体散文以及 1942 年以学生的来信为材料写成的散文《少年果戈理》，全集共 16 篇文章。总的说来，这些文章在艺术上仍然保持了作者《画廊集》《银狐集》的风格：朴素浑厚、真挚亲切、清淡自然。而在思想内容上，则与基本上是“主观抒写”的《画廊集》和已较多地“变向客观的描写”的《银狐集》都不相同了。《银狐集》曾向人们表明，作者已经从爱“自然”到开始爱“人”，而这部散文集则让人们看到，作者已经懂得爱“人”应当胜于爱“自然”了！这些文章已经在“客观的描写”基础上更进了一步，已经在努力实践和追求发挥文学的社会功用了，这从为集子取的名字——《回声》就可以看出来。在 1942 年 2 月编成这部集子后所写的序中，作者不无深意地说：“编辑完了，我安静下来，我在谛听：有没有声音，有，不过那声音仿佛是远远的。……我住在泰山的时候，也常喜欢一个人跑到山涧或峭壁下去长啸一声，那也不是为了听自己的声音，而是要听听那从峭壁深涧发出来的回声。小时候偷偷地跑到人家深巷中去大叫一声，听了那深巷的回声而自喜，更自喜于闹了一次小调皮。我现在又是在调皮一下,或者我又回到深山中,我的耳朵里响着的不是我自己的声音,那声音远远的,我很喜欢。”这些话语中包含的意义是令人兴奋的:此时的作者不但已经从大学时代的那个狭小书斋里跳出来了,而且,与全面抗战前仅仅是开始了对现实的正视相比,也迈出了一大步,目光转向了更广阔的现实世界,他行走在现实主义的大道上,耳朵开始喜欢谛听自己文章的“回声”了……

第二节 "著作等身"

1941年的秋天，日机的轰炸停止了，昆明的局势基本稳定，西南联大也就决定不再迁往四川叙永，并决定将原来作为迁校预备措施而成立的叙永分校于秋季迁回昆明，并入本校。于是，李广田携家来到了当时的大后方昆明，开始了在西南联大中文系任教的生活。

初到昆明，刚搬进在玉龙堆才租好的房子，方敬就看他们全家来了。方敬一进门，还未坐下，李广田就兴高采烈地指着当门的墙壁上的几个大字让方敬看，嘴里边说着："你看——'著作等身'。"墙上是原住户贴的一幅主人自书的没有装裱的条幅。李广田搬进来后也未撕去，顺便留在了墙上。方敬看过后有趣地回了李广田一句："好像你就是注定要住这房子的。你不得不多写了……"

天下之事说巧也真巧，方敬这句话真是不意而言中了。从这时开始直到抗战结束这段时期，真成了李广田创作生涯中的一个丰收期。他在穷困的环境中不倦地思考，勤奋地写作，收获颇丰。就是在这段时期，李广田全面展现了他作为一个散文家兼诗人兼文艺理论家的风貌。撇开散见于报刊的大量散文、杂感、诗作等不说，单从结集的文字来看就有80万字之多。在散文方面，除了从以前四个散文集中自选部分篇章并经过细心修改后而结集为《灌木集》这本精品之外，还写下了《欢喜团》《金坛子》和《日边随笔》这三个集子里的全部文字；诗歌批评方面，他以曾饱尝诗人甘苦的切身体会，中肯地写下了《诗的艺术》这本诗歌批评集，剀切地批评了卞之琳、冯至和方敬三位诗人的作品，系统地坦露了他自己的诗歌理论；文艺理论方面，除写了《文学枝叶》这本文艺杂论集中的大部分文字之外，还有一部谈文学创作问题的专著《创作论》；小说方面，他写下了自己一生中唯一的一部长篇小说《引力》。这些集子中，有的因当时出版困难而延至抗战胜利后几年中陆续出版，但写作时间都是在抗战结束前这一时期内。

另外，他还把自己所有的诗编成了一个集子，取名《地之子》，寄给了后来在桂林办文学出版社——“工作社”的方敬去出版。可惜因桂林失陷，集子没来得及印行，诗稿也失落了。

当方敬去李广田玉龙堆的新家看他并谈论“著作等身”的时候，李广田对方敬这样说道：“昆明的学术空气、政治环境和写作条件都还比较好一些，我正在计划得好好地开始新的工作和写作。要学习和运用马克思主义的观点来研究文学理论；还打算写一部长篇小说，主要反映日军侵略中国，山东沦陷区遭受蹂躏，人民在水深火热之中，妇孺也分担了深重的民族灾难，从日军的铁蹄下历尽千辛万苦通过封锁线辗转来到后方，比我自己随学校的六千里流亡还艰险得多的经历……此外，还要多写一些散文，多写一些文艺随笔……”听得出，李广田很兴奋，写作的劲头很大。他憧憬着美好的未来，而他也的确把这些计划付诸行动了。

在不满四年的时间里，李广田涉足了散文、诗歌、小说、诗歌评论、文艺批评、文学理论等若干领域。由于生活所迫，他除了在西南联大授课外，还在校外兼了课！他只能利用不多的课余时间来写作。这需要多么坚强的毅力和多么坚忍的努力！寒来暑往，李广田度过了多少个不眠之夜，为写作付出了多少心血和汗水。他抓紧一切可以利用的时间，在非常艰难的生活条件下，呕心沥血、自强不息，为民族和国家作出了一个清贫而勤奋的爱国知识分子的贡献。

李广田这段时期的生活是相当清贫的。由于薪金微薄，加之通货膨胀的影响，西南联大很多教授的日子都过得极为艰辛。典衣物、卖家具、卖书籍是常见的事，一些老先生穿着补了又补的裤子和前后通洞的鞋子站在讲台上已不足为怪。闻一多要靠治印的润资来填补生活，就连梅贻琦的夫人和潘光旦的夫人也不得不合伙做一种取名“定胜糕”的米糕，走四十几分钟的路送到冠生园去卖……正如当时华罗庚所说的：“清高教授，呜呼！清则有之，清汤之清，而高则未也。”

到了昆明后，李广田的夫人王兰馨在昆华商校教国文。李广田也同时在这所商校兼课，教着一个班的国文，一直教了好几年。夫妻二人的薪金加上兼课酬金，还得再加上稿酬，才仅够勉强维持一家三口的温饱。家里很穷，什么像样的东西都没有。他们先住在玉龙堆，后来住到了商校里，全家只住了一间房，就在校园亭子旁边的一间小屋里。一块布幔将房子隔成里外间，里间是卧室，外间是书房和餐室，总共不到20平方米。曾经有人在一篇《文坛人物杂记》的文章里，这样描述过李广田这贫穷而单薄的家：

> 他的女儿小岫，这一再在他的散文里露过头脚的孩子，也总是生病的时候多。好了，便上学，在学校里参加各种适合于孩子们的集会、演讲。有一个时期，那小学校为筹募基金，在昆明公演了《幸运鱼》歌剧，小岫演了主角，于是做爸爸的李广田要长途跋涉去接自己的小演员回家。家里墙壁上却挂满了这位小女儿的画，不成形的娃娃、山、房屋，用淡淡的蜡笔描绘的。水泥地上有时会出现这孩子的粉笔画。在屋地的一角是烧饭用具，另一角，靠近李广田凌乱的书桌，以一个大的绿瓷狮子为首，堆着无数的玩具，另一面被两只大床占满了。

事实也真是这样，李广田连给女儿小岫买点玩具的钱都没有。有一天，他经过学校的瓦砾堆，发现有一些破损的石狮、石龙、石马，便拣出几个稍好一点的，洗干净后放在家门口，说让小岫玩。这堆破东西，还真把天真的孩子逗得高兴极了。小岫站在床上望着后窗，自编自唱道：“你看那天上的云，就好像贴在我们窗上！”李广田自己的身上总是穿着一袭早已褪了色的蓝布长衫，虽然还不到40岁，但脸上已是纹路分明，一副饱经风霜的模样。艰难的生活给他全家带来的是辛酸、是饥寒、是心灵的创伤。在这样穷困的窘况之中，李广田以“贫贱不能移”的正直知识分子的气节，度过了动荡的抗战岁月，边教书，边写作，他的笔越来越有分量了。

1944年以前这几年间，李广田除参加学校里的进步文艺活动之外，社会上的活动参加得不多，他不喜欢多抛头露面。他有他自己的斗争方式。他认为多写东西多出进步作品同样是一种斗争，同样能鼓舞人民，同样是时代的需要。

1942年2月26日，他在为要出版的《回声》这个散文集写序时，把这一观点表示得很明白，他说：

若说现在是歉收的年头，那就完全错误了。我想起了那个从希特勒的掌握中逃到美国去的德国作家的一段话：

“我们都为这个千载难逢的争取自由的最后决战而尽力，我们都是世界上极少发生的最大社会变动之一的目击者，而我们作家最先有将我们这时代所遭遇的事事物物提供见证的责任。我们仅需将我们自己的生活，我们自己的经验忠实地道出，恐怕已经比一部虚构的小说成就得更多了。

“现在没有天才能够虚构任何事物胜过目前所发生的戏剧般的事变，最好的诗人也得再做学生和仆役，去伏在我们全体的最伟大的教师——历史前面。”

我以为这些话说得都很好，这正是一些可以鼓舞人的话，我自然是很喜欢这些话的。

李广田在抗战结束前的这几年间，始终是以这个观点为思想上的指导，始终是以“忠实地道出”“自己的生活”“自己的经验”来实践这个观点的。他深深感到自己作为抗战这场最大社会变动的“目击者”，“最先有将我们这时代所遭遇的事事物物提供见证的责任”，为此，他不停笔勤奋地写作着。他的作品在反映现实的深度和广度上也不断地有所发展，整个创作倾向越来越健康。

写于1942年和1943年的《金坛子》共收入13篇作品。这些作品在当时被称为短篇小说。不过它们和散文没有多大区别，几乎没有什么情节冲突，都是以散文的形式在朴素地叙述着故事。如果说，李广田于1941年前后写作的《回声》意味着作者已经将自己的创作移上了“为人生”的轨道，那么，《金坛子》则表明作者已经坚定了“为人生”的航向；如果说，《回声》已表明作者开始走上了现实主义的道路，那么，《金坛子》则证明作者已经在这条道路上迈出了坚实的有分量的步子，李广田在《金坛子》里给我们画出了一幅幅中国农村悲惨的人生图画。正如当时的评论者指出的那样：“虽然这里没有呐喊，但也并不是那些无病呻吟。全是透过了这时代重压的气息而写出来的。但愿这《金坛子》能作为李广田先生的一个里程碑，经过了这个里程碑，迈向前去将是康庄大道，那里有着无数更多更苦的人民。”①

《没有名字的人们》一文让我们看到了一对最普通的农民夫妇。他俩同旧中国千千万万对农民夫妇一样，善良、勤俭、老实，也愚昧。多少年来，这对夫妇连取名字的权利都没有，除了在母亲怀里吃奶的时候就叫起来的乳名，再没有别的名字。夫妻间都是用“你呀”“你呀”来相互称呼。有时就连“你呀”也不用，而只用个“唉唉”来作为代替，好像他或她的名字就叫“唉唉”似的。在他们有孩子之前，男的一直被人们用他的乳名“小年子”在呼唤着；女的呢，出嫁前被父母唤作“妮子”，出嫁之后，自然就被唤作“小年子家”了。

在一年播种的时候，他们添了个小生命，乳名被他们顺口唤作了“小谷子”。于是，“小谷子爹”“小谷子妈”便自然又成了他们的名字。他们在孩子身上寄存了种种美妙的梦想，想着孩子有福相，将来要念书，“念了书，说不定会做大官的”。可是，三岁时“小谷子”病了，在床上乱滚着，哭号着，两只小手抱着肚子……小谷子妈只会在灶前烧香，虔诚地叩头祷告。小谷子爹呢，也只会吩咐妻子说：“地里庄稼要紧，就让小谷子在床上多睡几天吧，你最好多给他喝些水。”他们既没有钱请医吃药，也想不到医药对于疾病的用处。没有过了几天，小谷子就被抱到田野里，埋入一个小土堆里去了。

小谷子死了，也把他们的一切带走了，只留下“小谷子”这个名儿尚未带走。他俩依然“小谷子爹”“小谷子妈”地互相这样呼唤，只是“不再像从前喊得那么响亮”了。后来，小谷子爹死的时候，他的亲戚和邻人议论起他的大名来，好写个牌位，可是，他究竟叫什么呢——

有人说他叫××。可是又有人说：那是当年官家来调查户口的时候，因为怕官家来捉人或催粮，由庄长造上去的假名，那么他不叫××。

①苏夫：《评〈金坛子〉》，《大公报》1947年4月13日。

> 最后，终于有一个识字的人——我们应当说他是一个顶有学问的人——在一个小小白纸牌位上写下了“某某某之灵位”，供在他的灵前。这是他自从降生到这世间来以后，第一次用到了他的“名字”。

读完这个用朴朴素素的文字叙述出来的一点儿也没有渲染的故事，我们的心缩紧了、抽搐了，不禁为之慨叹、为之心寒！这不仅是无数农民们的面影，也是中国无数代农民们的面影！他们默默地生下地来，又默默地死去，被别人当牛马使唤了一辈子，却连一个名字都没有！他们就像草芥一样地自生自灭。这是何等令人痛心啊！

《没有太阳的早晨》中的王嫂，丈夫被地主毛老爷诬陷，说他偷了毛太太的翡翠镯子，在遭到地主一场毒打之后，上吊自杀了。王嫂为了生活，为了养活孩子“狗儿”，还不得不继续留在地主家做毛老爷的仆人。王嫂心里明白丈夫是冤死的，她分明“看见那一对鲜绿翡翠圈子还正戴在毛太太那白嫩手腕上”。可是，她有冤无处申，因为“毛老爷同官家是一家”。接着，厉害的毛太太又诬说狗儿偷了她家40个松花蛋，硬要王嫂重打狗儿。王嫂被逼不过，赌气死命地打狗儿，“孩子无力地挣扎着，哀号着：‘亲妈呀，亲妈呀，我的亲妈……’‘亲妈？我还算是你的亲妈？我生了你，我可不能养活你，我今天要把你打死！’王嫂一面用力打着，一面这么喊。狗儿已声嘶力竭，号也号不出，挣扎也挣扎不动了……”至此，一向把眼泪往肚里流的王嫂，实在不能再忍受这毛家大院的折磨，终于要出走了。当其他仆人午饭时间凑在一起悄悄地诅咒“总是不见天日”的时候，王嫂“肩上背着她的小行囊，手里牵着她的小狗儿，正用了坚实的步子，突着嘴，锁着眉，在无边的旷野上走着”。

从这里我们感受到了压在社会底层的人们一种无声的反抗！王嫂忍无可忍，终于不能再听凭地主老爷的凌辱和欺侮了！王嫂也是人，她也有人的愤怒，她要拿出一点做人的样子来了。她下决心走出毛家大院的步子是“坚实”的！可是，在那“总是不见天日”的岁月里，王嫂还是只能在“无边的”旷野上走着……苦难无边的中国农民啊，何处才有不受欺压、不愁温饱的归宿？

《金坛子》里的其他篇章，也都是与上述两篇相近的，同样是让人们看到这样一些小人物生活的惨淡和悲伤，听到他们的哭泣和叹息。他们有的发出绝望的呼唤，有的在生活的狂风暴雨中飘荡。可是，作者并不仅仅是透露了他们的无望，也执着地写下了这些小人物的生的意志的坚强！

《废墟中》一文格外强烈地让人们感觉到这种明显的启示。一个极普通的粗俗的木匠，在敌机的多次轰炸后，不但不走，还要工作。他和他的女人就在废墟中的两间小破棚子里住下来了。他爬高下低地忙忙碌碌，不到一天工夫，在他斧头的锤击声响中，两间小棚子完全改观了，变成了一座相当严密的小屋。他像艰苦卓绝的战士一样，还计划着要把小园子外面那一片空地变成一片菜园。他的女人帮着他一起平地、栽种、浇水，种上了一片又嫩又青的菜秧，在这片废墟上播植了一片生命。一段时间之后，木匠使那些出去躲避敌机轰炸返回来的人们看见的“并不是一片废墟，却是到处干干净净，齐齐整整，而小园子旁边那一片小菜园已是充满了葱葱的绿意，叫大家想到：当人们只把恐惧与荒凉留给这世界时，茄子、辣椒，尤其是芸豆，却寂寞地茁发起来，丰茂起来了”。这正是作者想极力表示出来的一种意识。这种意识是与广大苦难的人们的要求相通的，蕴藏着一种希望，指示着一种方向。

总的看来，《金坛子》里面的篇章，都表明了作者自愿站在被压迫、被侮辱者的立场，都能成为作者踏实地走在革命现实主义道路上的有力的佐证。作者没有脱离现实，眼光始终没有离开那些被侮辱被压迫的小人物。他关心着他们，表现着他们。他的心和他们的心是紧紧地贴在一起的，并且是自觉自愿地贴在一起的！《金坛子》处处透出那时代重压的气息，揭露了那个黑暗的阴冷的社会，让人读完之后，会倒抽一口冷气。正像后来一些名家评价《金坛子》时所说的：“处处可见作者对善良小民的无限同情，篇篇都闪耀着一股圣洁的人性之光。”①“有时用笔细致，能在平铺直叙中，使人一口气读完，而读后觉得心中久久不能平静。”②

①梅子：《李广田选集·前言》，香港文学研究社，1978。

②李健吾：《李广田·序》，人民文学出版社、香港三联书店，1983。

如果说,《金坛子》里还仅是忧郁地叙说着悲哀的故事,那么,下一个散文集《日边随笔》则已经发出疾声呐喊了!《日边随笔》里的16篇散文大多写于1944年。李广田在序中这样说:“其所以名之曰‘日边随笔’者,不过是偶尔想起:借此聊以见出自己的变化,以及我们这时代的变化而已。”的确,这时的李广田,随着时代的前进,有了明显的变化,他感到“生命无时不在烈火里燃烧”,想为这伟大而壮烈的时代捉住“一光一影”。

《日边随笔·序》是一篇重要的序,它概述了李广田自己前后期散文的不同内容、风格及其变化。李广田在序中说,自己原先很欣赏秦少游“日边清梦断”和王维“日色冷青松”那种清新而冷寂的境界,但是,后来“不管自己多么糊涂,时代却不断折磨你,教育你,绝不让你不顾一切地去清静自在”,“先是为了避敌,从黄河边跑到汉江边,后来又从汉江边跑到纹江边,这一次跑得更远,而所避的倒不完全是外敌,因为外敌之外又由人民的血汗养出了很多内敌,而这些内敌又正是专和人民作对的”,在这种时候,他深深感到“一边是昧着良心造谣中伤,一边是青年们冒着生命的危险在为人民说话”,“像若干年前所向往的那种‘日边清梦断’的境界大概永不会得到,至于‘日色冷青松’那样的感觉也永难再来,最低限度,我至今也还没有写出那种清淡到毫无人间气息的作品,因为我们的生命无时不在烈火里燃烧,就像生活在太阳近边一样”……

在《日边随笔》中,一大半篇章是战斗性强的趋向于杂文笔法的篇章。它们从日常生活现象的描写中引出议论,生发出哲理来:有讽刺揭露反动统治者文过饰非的,如《手的用处》;有影射养尊处优的统治阶级不关心人民疾苦、不顾人民死活的,如《一粒沙》;有谴责剥削阶级不劳而获的,如《建筑》;有对反动当局转嫁责任、诿过他人的做法表示愤懑的,如《分担》;还有揭露统治者穷奢极侈,同情普通民众穷困悲苦“无下箸处”的,如《说吃》;等等。这些颇具特色的篇章不但思想内容明朗健康、爱憎分明、视野开阔,文风上也摆脱了沉郁的味道,出现了明快畅达的调子,而且“枝蔓渐除,骨干益挺,虽然并不是剑拔弩张,却在言语中自有战斗性”①,像一面镜子,照出了现实的丑恶,明眼人都能明白它们的指向。

---

①卞之琳:《李广田散文选·序》。

我们来看其中的一篇:《他说:这是我的》。

文章开始，作者先从看见一个老朋友与小儿子开玩笑地争一颗圆滑而有光彩的石子这件小事说起,听父子二人都说,这石子“是我的”,于是,引起了作者的想象。作者继续为他们父子编造了一个小故事,说儿子看见天空那颗美丽的大星,对父亲请求说:“我要它,我愿意那是我的。”爸爸笑着说:“不,你不必一定要它,它本来是你的,也是我的,也是别人的,你几时要看它,它就向你睒眼睛……”爸爸说罢,沉默了,儿子也沉默了,他们仿佛在倾听天上的声音。那声音也许在说:“这一切都是我的,都是你的。”

这里便包含了一种深刻的道理。作者又进一步借此生发,感慨地说:“对着任何喜爱的东西而抢先说‘这是我的’，并且动手抢夺别人之所有据为己有的人，都应当在那个小孩子面前低下头来。”接着,作者继续以古代帝王来做影射了:

> 譬如古代的帝王,他们永不会像小孩子那么理解,永不会像小孩子那么相信,他们永远自以为聪明而实则愚蠢,他们永远自以为伟大而实则渺小,他们永远窄狭，永远自私，永远残暴与专横。譬如他们有了极其广大的土地,他们就会定出一条法律,像古代罗马的法律中所有的:“凡有这土地的,则土地之上高及云霄,土地之下深及黄泉,其间一切都属他。”

最后,作者勇敢地发出了诅咒:

> 我又想:那永久用了争夺的声音说“这是我的”的人,永不会领有一切,且必将在自己的自私与残暴中自毙。

这个结论是世间的真理,是历史的必然。古今中外的历史都莫不说明了这一点。作者是懂得辩证法的。作者在这里虽然用了比较含蓄的方式,没有明确点出对象，但借古喻今，以此来影射国民党反动统治者的意图，却是读者都能理解的,是不言而喻的。

除了这一部分趋向于杂文笔法的篇章外,其他部分“随笔”也都是“言语中自有战斗性”的,字里行间充满了对黑暗社会的愤懑,充溢着激越的呐喊之声。

为了吃一口粗饭，人们把什么方法都想到了。你想想看吧：北平的天桥、什刹海，济南的北岗子，泰山下的岱庙，叙永的大桥……我们这人间真够丰富，也真够惨！(《日边随笔·二》)

又如：

我正是一个“人”，我不责备花，责备草，责备狮虎与虫，且不管它们有无可责备，我所责备的正是“人”，而且，我将以动物或植物的名字去称呼那少数可爱的“人”，而对于另一些人，我也不再骂他们“你这无知的草木”，或“你这没有理性的禽兽”。(《日边随笔·一》)

总的说来，这些随笔和那些杂文笔法的篇章，都能让人明显地感觉到其中蕴含的时代精神和深刻的现实意义。这些文章的指向，都是对着黑暗的反动统治和冷酷的旧社会。人们能感觉到，作者已经在现实主义的道路上迈出了一大步。这时的李广田，与十年前只是把自己那个荒僻村落里的一切摆成“画廊”，只喜欢自己那个“朴野的小天地”的李广田，简直是判若两人了。这时的李广田，已经置身于外界暴风雨的大天地之中了，他的思想感情已经和大天地中的广大人民发生了共鸣，他以人民之悲为悲，以人民之苦为苦。他用一个革命文学工作者的良心这支大笔，为人民抒写，为人民呐喊。他自觉地用笔作投枪，作匕首，投向那罪恶的旧社会，刺向那残暴的统治者。应该感谢抗战！对李广田来说，抗战来得正是时候。抗战帮助他充实，帮助他勇敢，帮助他坚强。抗战帮助他在现实主义的道路上迈出了令人振奋的、有力的一大步。

到了昆明后，在西南联大中文系的讲坛上，李广田开始用马克思列宁主义的观点讲授文学理论。他为学生开了“文学概论”“各体文习作”等课程。上“文学概论”课时，他按照普列汉诺夫的唯物主义文艺观进行讲授。从艺术起源于劳动的问题，到艺术在阶级社会中的地位问题，到艺术与解放运动的关系，以及现实主义与浪漫主义等问题，李广田都能深入浅出地讲解。在讲解时，他还向学生表示自己对于马克思列宁主义的观点也正在逐步地学习和研究之中，愿意和青年学生一道来探讨研究、交流心得，更好地理解和领会马克思列宁主义观点。加之他是散文家，又是诗人，在多年的创作实践中备尝甘苦，故而他在讲授文学理论时，能结合创作实践的甘苦得失，联系文艺修养，并将中外文学史上若干创作经验与教训旁征博引、分析比较，使课程讲得生动，有分量，对文学理论起到印证和相互促进的作用。所以，他的课得到学生的好评，大家都喜欢听他的课。

他还热情地和青年学生一道，从事文艺活动，搞诗朗诵，指导学生的文艺社团开展活动，出席学生组织的文艺晚会、时事演讲会和学术讨论会，经常发表演讲。他同青年们在一起很兴奋，劲头很足，很有热情。他自己这样说：“在这里，我接触了更多的青年朋友，我从青年人身上得到力量，得到支持，虽然生活艰苦，工作的精神，却是奋发的。”(《自己的事情》)

同时，在这里，李广田还与朱自清、闻一多先生有了更多的直接交往。在交往中不但增进了友谊，而且受到了不少的启迪。李广田从叙永初到昆明时，在街头遇到的第一个熟人就是朱自清先生。朱先生老远就先脱帽打招呼，否则李广田简直不敢认他，为什么呢？原来是因为生活的穷困，朱先生居然买不起大衣，而穿着一件奇奇怪怪的“大衣”——云南赶马人所披的毛毡，样子像蓑衣，也像斗篷，颜色却像水牛皮。虽然很不中看，但能挡风御寒。这“大衣”在城里实在太少见，故街上的行人都在注意朱先生，朱先生却毫不在乎。当时李广田见朱先生这模样也只是想笑，但又不好意思笑出来。朱先生却很得意地忙着告诉他一个大消息：“太平洋战争已经爆发，中国的抗战已成了世界大战的一环，前途十分乐观。”以后李广田在街上时时注意，却不见有第二个人是肯于或敢于穿这种怪“大衣”的。

李广田与朱先生最初相识是在 1941 年的夏天。当时，朱先生休假期满，由四川成都回西南联大，路过叙永。为了等车，在叙永住了不少日子。李广田与朱先生谈过几次话，都谈得很愉快。话题中主要是谈到抗战文艺，尤其是抗战诗，并且因此引起了朱先生后来写《新诗杂话》的兴致。

在昆明街头相遇后，李广田与朱先生成为联大中文系的同事。这以后的五年间，大家都生活在穷与忙中。李广田有时去朱先生的住处访他，有时在演讲会上相遇，有时在上课时碰在一起，常有机会探讨一些问题，特别是支持学生进步活动等问题。

对闻一多先生，李广田同样是很尊敬的，并把他视之为青年人的导师和楷模，常常教育学生要好好向闻先生学习。1944 年，当原来李广田在罗江教过的国立六中四分校的学生刘方来到西南联大读书，第一次去看敬爱的李广田老师和师母王兰馨时，李广田就对他像谈家常般介绍了联大的学运形势和联大三大进步文艺团体新诗社、剧艺社、文艺社的情况，说到这三大学生社团的中心是闻一多先生，并语重心长地告诫说："你们从做小学生时就读闻一多和朱自清两位先生的文章，一向敬慕不已，现在到了他们跟前了，就好好地受教受业吧，真是百年难逢的良机。可是也要知道，现在的闻一多先生已不再是唯美的新月诗人，现在他也在进步。你们因为抗战，到处流荡，功课耽搁很多，基础差了，比我们那时差了不少，要一方面好好学基础课，把基础打好才行。另一方面要参加一切进步的活动，参加运动要有正确的态度。我自己也在学习，我一方面向老一辈的先生们学习，一方面也向你们年青人学习。实际上，也是你们年青人在推着我们这些中年人和年纪大的人不停地前进。"①

当时，联大校内的进步文艺活动是颇活跃的。1944 年、1945 年"五四"纪念周中都有盛大的文艺晚会，请知名教授、作家出席演讲。每当一些世界著名作家的诞辰、忌日，也常举行纪念活动。这些活动李广田总是应邀参加，并热情地发表演讲。这些演讲都很有分量，有些演讲稿还收入了文集。李广田在《文学枝叶》的序中还特意指明："其中，《鲁迅的杂文》《鲁迅小说中的妇女问题》《论文学的普及和提高》《谈报告文学》《纪念高尔基：论文化工作者应该站在哪一边》，都是演讲稿。"

联大的进步学生成立了一些文学社团，分别聘请几位有进步倾向、有威望的教师做导师。中文系的学生组织了个"冬青社"，聘请了闻一多先生和李广田做导师。还有一个"文艺社"，也是请李广田做他们的导师。李广田很认真、很负责，

①刘方：《悼念李广田老师》，载《李广田研究资料》，宁夏人民出版社，1985。

不但启发他们多创作进步文艺作品，还很细心地帮他们看稿、改稿、选稿，深得他们的爱戴。在共同辅导学生的交往和教学交流中，李广田和闻一多先生情谊日深。闻先生和朱自清先生都是李广田最热爱、最尊敬的学者，李广田不但钦佩他们的道德、文章，而且景仰他们的政治情操。在越来越密切的交往中，李广田虚心地向闻先生请教。他认为闻先生不仅仅是诗人、是学者，而且是一位民主斗士。闻先生那种从过去笼统的爱国主义的立场转变到站在人民民主的革命立场的精神给了李广田极大的鼓舞，他越来越热情地、越来越立场鲜明地和进步青年学生站在一起。

当李广田指导的《文艺》壁报率先出版，并以它那朴实的内容、朴素的形式和准确无误的版期赢得了广大学生的赞赏之后，外文系的王景山和赵少伟同学受到鼓舞和启发，便约集联大工学院的胡东明和法学院的韩济民，以《文艺》为榜样，筹办了《新苗》壁报，也请了李广田做指导教师。《新苗》两周出一期。1944 年底出到第四、五期时，忽然收到延安图书馆要他们按期寄送一份《新苗》的充满热情的来信。这是延安方面误认为它是铅印刊物了。但由此可见这份壁报的影响已远远超出了联大的范围。“延安都知道我们这个小小的《新苗》了！”同学们不胜惊喜，欢呼雀跃。李广田得知此事，也激动地分享了同学们的欢乐。

1945 年春，在《文艺》壁报的基础上，联大文艺社正式成立。《文艺》壁报的主要负责人程法伋、张源潜、王楫（都是外文系同学），建议王景山、赵少伟等停办《新苗》，参加文艺社，一同办好《文艺》壁报。王景山和赵少伟知道这里面也有李广田老师的意思，便欣然同意了，他们二人还担任了文艺社的出版干事。《文艺》壁报也是半月一期，每期约两万字，小说、诗歌、散文、杂文、评论，各个栏目都有。许多稿子都是经李广田看过、指导过的。李广田还将其中一些稿子介绍到昆明的一些进步报纸副刊上发表。当时诗人吕剑正在昆明编辑一家报纸的副刊，就发表过部分文艺社社员的稿子。吕剑同志 1947 年发表的一篇文章《诗人李广田》中也如此介绍过：“广田为人朴实、热情、认真。昆明西南联大十余个文艺团体和壁报，如‘冬青’‘新文艺’‘新诗社’等，都受他的指导和影响。”

李广田指导的这些壁报的作用是不可低估的，它们和其他一些壁报一起，为民主运动作出了一定的贡献，正如后来一些研究者所评价的：云南的“爱国学生，以壁报形式在校内宣传抗日民主，对在云南将抗日民主运动持续下去，扩大开来，起着非常重要的作用。……以昆明的联大、云大为例，抗日民主壁报在1939年以后，一直此伏彼起，对同学和社会都起着形势教育、抗日教育、鼓舞斗志、坚定信心、鞭笞腐恶、揭露及阻止妥协分裂的作用。”①

1944年5月，李广田被增补为昆明文艺界抗敌协会理事。5月4日，联大文艺壁报社在新校舍南区十号教室召开关于“五四”以来的新文艺发展情况的座谈会，演讲总题《五四运动与新文艺运动》，下分7个报告小题，分别由罗常培、朱自清、杨振声、冯至、李广田等7位先生演讲。后因会场受到干扰改到8日在联大民主草坪举行，听讲的人更多。李广田在会上演讲的题目是《鲁迅的杂文》。他强调指出：“鲁迅的杂文是诗的，是政论的，又因为他的文字之深刻与含蓄而表现为一种特殊的强力，所以我们百读不厌，我们每次读它，都感觉到那种热辣辣的鼓舞，而绝不会像普通议论文尤其是普通政论那样使人觉得枯燥无味。至于他的杂文之使我们清楚地认识了我们的时代，这一切功绩，也不是一般的论文所可企及的。”

9月17日，昆明文艺界抗敌协会召开第四届全体会员大会，包括各界来宾共到百余人，讨论响应筹募援助贫病作家基金等议案。李广田与闻一多、楚图南、李何林等十几人一道当选理事、副理事。当天召开了新理事、监事会议。22日，收到文协总会的来函，内称：“际此抗战进入最艰苦时期，‘荒淫无耻’与‘庄严工作’之分，界限更加明显，贵分会于此时召开全体会员大会，必可发展西南新文艺运动，振奋人民大众精神，更坚强‘庄严工作’阵线，促使抗战胜利民族解放之时加速到来，为此特致函祝贺！”《云南日报》26日全文刊登了文协总会的这个祝贺函。

在1944年、1945年这抗战的最后两年中，昆明文协分会积极开展工作，在

①丁宝珠：《云南在抗日战争中的战略地位和作用》，《思想战线》1985年6月。

西南联大、云南大学进步学生团体及进步群众的支持下，配合全国抗日救亡、反倒退、反内战的民主运动，发挥了很大的作用。他们经常举办各种演讲会、文艺晚会、报告会，宣传反倒退、反内战，强烈要求民主。这些活动李广田都积极地参与。

10 月 9 日，联大新诗社成立半年。当天晚上，新诗社为响应救济贫病作家的募捐活动，举行声援贫病作家晚会并进行诗歌前途讨论。李广田与闻一多、楚图南、尚钺、冯至等 123 人，在闻一多亲笔抄写的给贫病作家的慰问信上签名。慰问信立场鲜明、格调高昂，信中说道：“我们相信这些钱不但能买回你们的健康，也买回了我们的觉悟。我们知道你们为什么贫，为什么病，你们的生病，正是人民痛苦的结晶啊！无论你们怎样的受欺侮、受迫害，你们的血泪却滋养着我们对强暴的愤恨和对自由的渴望。今天，你们不再是孤立的，你们的语言，将被我们举起，当作进军的旗帜。”

第三节 引 力

抗战后期,在时代的不断教育下,在与进步青年一道前进的过程中,李广田的思想有了很大的变化。随着思想的日益进步,他的民族意识也日益强烈,爱国热情也日益高涨。

这段时期,李广田在授课和从事文学批评之余,还努力探索中国民谣和山歌的魅力。他注意收集了不少民谣和山歌。他曾给一班云南学生出过《故乡的民谣》和《故乡的传说》一类的作文题目,从中了解云南的山歌民谣和民间传说。他对民谣山歌不仅爱好,而且有研究。他曾深有体会地说:"这样的歌谣,在文化修养很高的人群中是不会产生的。文化程度高,自然产生高级的诗歌,然而大多数高级的诗歌却又容易失之苍白而虚弱,所缺乏的正是那份新鲜泼野的力量。"这种看法是颇有见地的。古今中外哪一个国家的诗歌史不是大量存在着这样的情形呢?李广田在读大学时抒发苦闷忧郁情绪的那些诗歌不就正是"失之苍白而虚弱"的吗?

走过弯路并不全是坏事。"前车之覆"好作"后车之鉴"。现在,李广田的文艺观发生了较大变化,诗风也出现了较大的转变。尽管他这时期的诗作不多,但从不多的这些诗作完全可以看得出来,他的确受到了民歌的不少影响。他的诗作用语通俗浅白,一些诗歌中的节奏、韵味、内容、形式等,甚至酷似民间小唱。之所以这样,从他《滇谣小记》中的这段文字可以找到部分答案:"现在有些诗人在注意民谣,有些人用了山歌民谣的格调写诗,这应当是一个好现象,因为,注意了民谣也就注意了人民的生活,于是也就更接近了人民,可以为人民说话,而且,最低限度在创作中也可以从民谣中吸取一些新的生命。"此外,联系到李广田的思想发展状况和当时的形势背景来看,他诗风转变的原因还有两点:一是在创作上想有一种新尝试、新突破;二是因为身处民族危亡关头,想借这最富有民族特色的形式来抒发自己的民族意识和爱国热忱——这一点才是更重要的,也是很可贵的。这也正说明了李广田始终把大地视为自己的母亲的那种执着，他的确是“地之子”，是中华民族的儿子。

李广田这种强烈的民族意识和深沉的爱国热情，还更显著更集中地表现在他于抗战胜利前夕写毕的长篇小说《引力》中。

《引力》的写作开始于 1941 年 7 月。这时，李广田带着半年多前从沦陷区逃出来找到罗江的妻女刚刚迁到昆明。妻子到罗江找到他时，给他讲述了沦陷区人民的那种悲惨生活，日军的那种残忍的暴行，千里迢迢逃出沦陷区的痛苦和艰难，以及沿途怎样化装通过敌人关卡的危险经历……这一切，深深地打动了李广田，重重地撞击着他的心扉。他听完之后立即产生了一种想写一部长篇小说来反映这一切的创作欲望。但是，由于紧接着就遇到国民党反动当局对学校进步师生的迫害，李广田被解聘，离开罗江转到联大叙永分校，在叙永时间也不长，同样动荡，难以静下心来写作，因此一直未能动笔。在叙永忙了一个学期之后，就又迁到了昆明。

到昆明，刚把家安顿下来，李广田马上就开始了《引力》的写作。他跟方敬等朋友都兴致勃勃地谈过这个写作计划，说打算用一部长篇小说反映妇孺在山东沦陷区也分担了深重的民族灾难，和如何辗转通过封锁线来到后方的艰险和辛苦。说了就动，他提起笔来，一口气就完成了三章。可是，写了三章后却停顿下来了。这停顿下来的原因，用李广田自己坦诚的剖白，一方面是“因为教书的工作太忙”，“生活与体力”“不容许痛痛快快地写下去”，另一方面更主要的是——1941 年 8 月 6 日的日记中这样写道——“想续写小说，感到了极大的困难，生活与体力既不容许痛痛快快写下去，而那些现成的材料更成了写作的障碍。一切材料非经过自己的创造是不能应用的，反不如出于自己想象中的事物更方便些。结果只写了几句便放下了，于是又拾起了《罪与罚》”。

“那些现成的材料更成了写作的障碍”这个原因，李广田后来在《引力》完成时的后记中又这样说道：“那时我正在读《罪与罚》。我重又认识了陀思妥耶夫斯基的丰富与深刻，每当我读到那些最精彩的地方，我就不能不惊讶作者的创造力，那才真是‘创作’，而我自己呢，不过是在事实的镣铐中滚来滚去罢了。”看得出来，李广田是感到了，并且也承认自己长篇小说创作才能的不足。他“常常为一些现成材料所拘牵”，感到难以驾驭，难以找出一个自己满意的写作方案，“思想与想象往往被缠在一层有黏性的蜘蛛网中”，摘不掉，脱不开，弄得不能创作，有时他还觉得自己太不行，常为一种幻灭的心情所苦——这便是李广田开始写作《引力》时的客观的情形。

于是，《引力》的写作辍笔了。不料一停就是四年。这四年中，李广田始终没有忘记《引力》的写作，虽也时常想写下去，“但终于还是没有那份力量”。一直到了1945年，乘暑假之便，得到魏荒弩等朋友的帮助，在距昆明城40里的呈贡县斗南村借到一间安静的小屋，李广田才于7月7日又重新提起了笔，继续《引力》的写作。

呈贡斗南村离滇池很近，村里的田地一直延到滇池边，李广田几乎每日必到海边。他总是夜间和上午写作，下午边休息边思索第二天要写的东西。休息时他常常独自到田野去，看遍野的稻田、菜圃、水渠，沿水渠而到滇池边，坐在那里看远山，看云，看柳树下的牛马，看滇池水的波浪与涟漪，有时也解衣下水，学习蛙泳，而他的思想也就在这无边的田野与浩渺的海水上逐渐铺展开了。正如他当时的一首小诗《海边》中说的“把整个的海水引了来灌溉我的思想”，《引力》的写作进行得很快，到8月11日便把全部草稿完成了，中间还因学校招生评卷，回城住过几日。

这一个月的写作生活大体说来是相当愉快的，尽管愉快之中也有一些痛苦，那仍是1941年开始写作《引力》时就感觉到的“在事实的镣铐中滚来滚去”的痛苦。当日军无条件投降的消息8月11日传到斗南村时，小说尚未完成。到当天下午两点，他写完了最后一句话。这本书稿历经四年而写成，而实际写作时间还不足两个月，最后在庆祝抗战胜利的鞭炮声中结束了全书的写作。

第二天，李广田便在欢庆抗战胜利的喜悦和《引力》完成的喜悦之中，冒着微雨，雇人挑了简单的行李，走过那一段颇长的泥泞道路，搭火车回到昆明。之后又不断修改，1946年北上，到了南开大学的那些日子里，他仍在细心修改，边改边在《文艺复兴》杂志上连载。后来于1948年6月由上海晨光公司出版，全书共

19章。

《引力》的全部故事，围绕着中学国文女教师黄梦华不甘过沦陷区那种亡国奴生活，而不惧危险、不辞辛苦，带着幼女化装通过封锁线，千里迢迢到大后方寻找丈夫雷孟坚这条主线展开，反映了沦陷区里日本侵略者对中国人民的种种令人发指的暴行，以及游击队的斗争活动，青年学生的自发反抗和国民党大后方的混乱污浊。作品塑造了有爱国心的女教师黄梦华及其丈夫——向往革命的中学教员雷孟坚，以及他们周围的一些不同类型的人物等形象，非常真实地反映了日军入侵后这一特定历史时期的状况和各类人物的思想特征、不同心态，表达了不甘做亡国奴的人民对革命的向往。

小说的主题是很鲜明的，那就是抗日、反蒋、向往解放区。小说取名《引力》，其用意就在于表明：以延安为象征的中国共产党领导的革命事业是吸引广大知识分子的强大的引力，广大知识分子都有着为人民解放而投身革命的愿望——这是严峻现实给知识分子带来的历史的必然！

其实，作品的这个用意正是作者自己的切身感受和由衷的向往。早在罗江流亡期间与陈翔鹤、方敬谈起何其芳已奔赴延安时，李广田就曾向朋友们敞开心扉，表示希望像其芳那样到延安去呼吸革命空气。当现在完成了《引力》的时候，他又深有所感地说：“事非经过不知难，现在才知道事情（指写长篇小说）的不易。《引力》写得不算成功，不过，有一点还是有收获的，当初写时那‘引力’还有些渺茫，现在已经完全看清楚了。吸引我们的‘引力’不是别的，不在遥远的天际，而是近在眼前，就是党领导的中国人民的正义革命事业。”[①]不难看出，抗战的严峻现实的教育，帮助李广田树立了投身革命、向往延安的信念，而且这信念越到抗战后期越坚定了。李广田已经把拯救中国、拯救民族的希望寄托在延安的共产党人身上。他也要投身到共产党人的伟大事业之中！

小说中的男、女主人公孟坚和梦华的形象塑造，完全是李广田以自己和妻子的亲身生活经历为素材的，了解李广田的生平及文学活动的读者都敏锐地看到

---

①刘方：《悼念李广田老师》。

了这一点。像《引力》这样描述真人真事的作品,其实已经可以称为报告文学了。就连李广田的夫人王兰馨都有类似的看法,她还说:“小说中所写的几乎全是我到罗江找到广田后讲述给广田听的。广田全把它们如实地写下来了,只有最后孟坚到延安去的那个结尾不是真的,是广田加上去的。”①

把小说写成了类似报告文学的东西,这大概正是《引力》不属于成功小说的一个重要原因。平心而论,诚如李广田自己所说的:“《引力》写得不算成功”,“我的幻灭之感大半由于觉察自己的小说算不得‘创作’,也不过是画了一段历史的侧面,而且又只画了一个简单的轮廓,我几乎相信我自己有一个不易超越的限制,我大概也就只宜于勉强写些短短的散文而已,这样想时,就难免有一种无可如何的哀愁。”

这说法中固然有一定谦虚的成分,但李广田的确是明白自己的弱点的——“只不过是画了一段历史的侧面”,可是,这个“弱点”又恰恰是《引力》的特点——由于“画了一段历史的侧面”,成了反映抗日战争的真实的长篇记录,具有较高的认识价值。这道理正如李广田所赞同的一位从希特勒掌握中逃到美国去的大作家所说的那段话表明的:“我们都是世界上极少发生的最大社会变动之一的目击者,而我们作家最先有将我们这时代所遭遇的事事物物提供见证的责任。我们仅须将我们自己的生活、我们自己的经验忠实地道出……恐怕已经比一部虚构的小说成就得更多了。”

大概也正因为具有比“虚构的小说”大得多的成就,《引力》问世后,不仅受到国内文艺界和读者的重视,而且在日本引起了强烈反响。日本的中国研究所最早出版了冈崎俊夫的节译本,接着,高田浩的另一节译本也登载于 1950 年 12 月的《中国语杂志》上。1952 年岩波书店又出版了冈崎俊夫的全译本,这一全译本截至 1959 年 4 月,一连再版 11 次。连日本的研究者们都认为,一部现代中国文学作品有如此出版数量,在日本是罕见的。还有不少日本评论者从他们的感受和艺术旨趣出发,纷纷撰文,研究和评述《引力》及其作者。②

①王兰馨 1981 年 1 月 27 日与笔者的谈话。

②陈嘉冠:《〈引力〉在日本》。

李广田深知自己不宜于创作长篇小说的弱点，所以他整个的文学生涯中就只写过这一部长篇小说。虽然他早在 1939 年曾经计划过要写两部长篇小说，可终究没能写下去。而这一次写《引力》，从提笔到完成，前后长达四年之久，李广田还是终于坚持写完了。单凭这一点，也足以说明他对这部小说的题材及其主题热爱到何等地步了。就因为这是他炽烈的爱国热情和执着的民族意识的寄托，他要通过这部小说强烈地表达自己对日本帝国主义的仇恨，对国民党反动派的仇恨和对共产党的热爱，对革命事业的热烈向往。这一点，就连日本研究者都充分注意到了。《引力》节译本与日本读者见面后，译者冈崎俊夫在《译后记》中写道："小说震撼我的心灵。中国民众慷慨激昂的亡国哀痛，对敌人的深仇大恨，凡此种种都表露了强烈的民族意识。如此描述，既不是作家刻意雕琢，也不是渲染夸大。"

当《引力》全译本在日本出版后，冈崎俊夫在《译后记》中援引李广田给他的亲笔信，进一步分析了小说的主题："作家在寄给我的信中，对小说题作《引力》，有所说明，认为有这样的含义：以梦华而言，丈夫所在的自由区是一股'引力'，以孟坚而言，更自由的天地是一股'引力'。逃至四川的梦华，得知丈夫的此种情况，于是，虽未能同丈夫相聚，却并不灰心失望，而是循着丈夫的足迹，又向前迈进了。"

以后，日本出版的研究我国现代文学的专著《中国现代文学》(小野忍著)中，在"抗日战争和革命战争时期的中国文学"部分，对《引力》设专节论列，以较大的篇幅，夹叙夹议加以评述。这种处理，足以见出《引力》在日本研究者心目中的分量。

此外，20 世纪 70 年代末在日本出版的一本《赵树理评传》中，日本作者釜屋修是这样把李广田与几位文学大家相提并论的："赵树理生于 1906 年，较鲁迅迟 25 年，同巴金、丁玲、李广田、周立波等的诞生日期，差不多前后相差一两年。"从这样的叙述中，也可想象得出《引力》及其作者在日本的影响。由此不难得出结论：《引力》中那种强烈的民族意识和深沉的爱国热情，也震撼了日本众多的读者和研究者——从这一意义上来看，《引力》的写作是成功的！

李广田强烈的民族意识和深沉的爱国热情，还让我们从他抗战后期的诗作中时时感受到。如在《古国的传说》这首民歌风味很浓的叙事诗中，李广田借一个古老传说来影射现实社会的黑暗，启发人们寻找造成黑暗的原因，含蓄地谴责反动统治者对人民的欺骗和凌辱，把矛头指向反动统治者。诗是这样开头的："在一块古旧的羊皮纸上/记载着一个残缺的传说/这地方原是个广大的海洋/海底下有一个凶恶的海魔。"而海魔收藏着无数珍珠，海岛上一个君主管辖着无数善良的人民，一天，君主欺骗人民说，海魔吃厌了珍馐，要人民每天献出一双眼睛给海魔吃，否则海魔就要兴风作浪，吞掉太阳。于是，人民只好每天由一个人把眼睛抛向海中。然而，"几千年，几万年，不知多少年/这里的君主是世代相传/海上无风暴，太阳还是挂在中天/只有人民的眼前却完全成了黑暗。""谁知道是什么缘故！"作者巧妙而自然地把要表达的真意不露痕迹地寓于其中。

给人印象更深的，民族形式更鲜明的诗，是写于 1945 年的《我们的歌》，李广田特意在正题下注了"拟民歌体"四字。全诗共 16 行：

我们有海呀没有船，
我们有路呀没有车，
我们有土地呀不能耕种，
我们耕作了不能收割，
我们收割了依然饥饿，
我们有话呀不敢直说。
我的问题呀要你回答，
你说这倒是因为甚么？

我们的海上呵要有大船，
我们的路上呵也要有车，
我们的土地要能耕种，
我们耕种了要能收割，
我们收割了要能吃饱，
我们有话要大胆直说。

我的问题呀要你回答,
你想我们要怎样去做?

这是一曲不得温饱的社会底层大众的哀歌,一曲觉醒的奴隶们反抗的悲歌,一曲礼赞革命的战歌,一言以蔽之,这是一曲表现劳动人民心里话的真正的歌!这首诗表明诗人李广田已经视自己为苦难的劳动人民中的一分子,所以他自豪地将此诗称为"我们的歌"。这首诗还表明了抗战给李广田带来的世界观和文艺观的巨大变化!在抗战的洗礼下,李广田已经认识到作为一个诗人,"唯一的正当态度就是要忠实于自己的时代,并且和自己那时代的主导潮流成为一体。在一个变乱的时代,当大多数人都在水深火热之中的时候,你自己就不应当只想到你自己的享受,而应当同情大多数人,应当以他们的痛苦为痛苦,以他们的希望为希望,应当替他们说话。你既是诗人,你就应当为他们而写作,写出他们的生活,写出他们的痛苦与希望。"(《杜甫的创作态度》)

《我们的歌》这首诗是李广田应他的学生孙跃冬的约稿而写的,他随稿附去的一封短信中这样说道:"我近来对新诗有一个看法,也想照这看法做,就是正确而明朗……"《我们的歌》正是他对自己的"正确而明朗",这诗歌新见解的具体、有力的实践。在《我们的歌》里,没有那种灵巧、精致的韵味,没有那种梦幻与现实交融的意境,忧郁的情调不见了,含蓄的暗示不见了。诗句形象明朗,感情真挚,语言铿锵,象征代之以直叙,愁闷的哀叹代之以激奋的呐喊。诗人的声音严肃、深沉、有力、饱满,充溢着一种责任感。

在写作《我们的歌》的前后,李广田对"正确而明朗"的主张还有过一些"注脚",他在《人民自己的文学》中说:"今天的文学,就应当向'人民的文学''人民自己的文学'前进。譬如诗歌,走歌谣的道路也许就是很好的道路之一,那就是:在内容方面,应以大多数人民的生活为主题,在形式方面,要写得真切、自然、易懂、易感。"在《论马凡陀的山歌》中,李广田指出:"多少年来我总存一个意见,以为新诗的道路不止一条,其中有一条该即是走民谣山歌的道路。它应该向民谣山歌学习,从民谣山歌吸取新的生命,它应该向民谣那样,取材那么现成,主题那么现实,有时近似荒唐,实际都很真诚。文字看似朴实,实在很有风趣,结构严密。这些为民谣山歌所具有的特色，诗人也应该取而化之，用于创作。”

李广田这些见解是可贵的。对于曾经颇受了西方的尤其是“浪漫派”“颓废派”“象征派”之类的影响的具有唯美主义倾向的李广田来说，是多么不容易啊！从“为艺术而艺术”到“为人生而艺术”，从借暗示来表现情调和注重想象，到主张写诗要“正确而明朗”，这是一个多么艰难而漫长的历程啊！李广田在一次又一次的对自己过去的否定和批判中，在这民族危亡的关头，最终完成了自己诗风的重大转变，一个关键因素，就在于他心中自有“引力”在！他已经决心把自己和党领导的中国人民的正义革命事业紧紧地连在一起了！

第四节 "一二·一"的洗礼

日本帝国主义于1945年8月15日宣布无条件投降。人民胜利了！全国民众欢欣鼓舞，兴奋地庆祝这一历史性的胜利。在昆明，许多人从收音机里听到了这个喜讯，报纸也印了庆祝胜利的号外。当时住在郊外司家营的闻一多，第二天一早见到儿子闻立鹤从城里赶去报信拿着的号外，眼睛里闪着激动的泪花，欣喜地到龙泉镇的小理发店把留了八年的胡须剃了。抗战全面爆发时，他发过"抗战不胜利不剃须"的誓言。而今，抗战终于胜利了，他迫不及待地剃了须和立鹤赶回昆明城去。昆明城里到处张灯结彩，鞭炮齐鸣。李广田他们这些熟悉的同事、朋友见到闻一多，都异口同声地说："真年轻，年轻了十岁！"

可是，闻一多的胡子剃得太早了！抗战胜利的喜悦，转瞬便从人们的脸上，从人们的心里消失了。

欢庆胜利的鞭炮声犹如在耳，激动人心的庆祝场面仍历历在目，国民党反动派却在美帝国主义的支持下，加紧调兵遣将，大作发动内战的准备。中国又面临着两种前途、两种命运的大决战，中国又将被那罪恶的黑手推向灾难的深渊。一场新的严峻的考验摆在了每一个中国人的面前。李广田和历经抗战苦难的中国知识分子们一道，又迎来了一场新的暴风雨的洗礼。

8月15日晚上，西南联大、云南大学、中法大学三校学生会在联大东会堂举行"从胜利到和平"的时事晚会，集中讨论胜利后的内战危险和如何反对内战的问题，向人们敲响警钟。

9月4日晚，三校学生会与昆明文协、中苏友协昆明分会、民主周刊社、自由论坛社、大路周刊社、人民周报社联合在联大召开昆明教育文化界庆祝抗战胜利大会，准备通过《实行和平、民主，建立新中国的宣言》，号召全国人民为争取和平而努力。大会进行中遭到特务的捣乱。但进步师生们的严正立场和坚定态度，迫使那些见不得阳光的丑类灰溜溜地离开了会场。

这些活动，李广田都满腔热情地参加了。

重庆谈判还在进行，“双十协定”尚未签字，10 月 3 日凌晨，昆明突然枪声大作，将人们从睡梦中惊醒。原来是蒋介石对云南的地方势力龙云发动了突然袭击。经过三昼夜的激战，龙云身边的警备部队被全部缴械，主力也被调往越南去受降。云南省政府被改组，李宗黄任代省主席，关麟征任省警备司令。于是，昆明被蒋介石的“嫡系”直接控制了。控制被称为“民主堡垒”的昆明这个大后方，是蒋介石发动内战的第一步。从此，枪声就在昆明响开了，人民又在流血了。大家清醒地意识到，内战的阴云已经笼罩在中国人民的头上了。

11 月初，在李广田的支持下，联大文艺社编辑发行的铅印刊物《文艺新报》创刊，半月一期。创刊号第一版第一篇便是李广田的《人民自己的文学》。11 月 16 日，《文艺新报》第二期出版，开始设“文艺信箱”，为读者解答文艺理论、文艺思潮、作品形式、内容及其他问题，“并特约闻一多先生、李何林先生、李广田先生为本信箱导师”。

11 月 24 日，西南联大等 31 所大、中学校全体学生发布《昆明市大中学生为反对内战告全国同胞书》，宣告：“我们是一群纯洁的学生，我们再不能忍见内战和不自由加于我们的苦痛。”“我们的主张极简单，就是反对内战，要求身体言论等之自由，谁要发动内战、制造内战，我们就反对谁，不论他的党别。”

25 日晚，西南联大、云南大学、中法大学、省立英语专科学校等四校学生会，在联大新校舍草坪上召开了反对内战、呼吁和平的座谈会。

座谈会原定在云南大学召开，当天的昆明各报都登出了新闻。下午 6 点，云大校门四周已密布荷枪实弹的军警，实行戒严。座谈会后来改到联大举行。待军警获悉改动地点，又赶到联大包围时，联大的校门已牢牢地从里面关紧了。

晚上 7 时许，座谈会如期举行，参加者空前踊跃，除四所大学的师生外，还有部分公教人员和中学师生，达5000多人。会议正常进行到8时20分左右，突然停电了。校园周围响起了小钢炮、重机枪、冲锋枪、步枪的吼叫声，还夹杂有手榴弹的爆炸声。这是军警特务的破坏与恫吓。有同学镇静地点起了两盏汽灯。闻一多挺身走到台前高喊：“不要动！坐下来！我们不怕！”同学们在台下紧接着喊起了口号。正在演讲的费孝通高声喊道：“我们不怕机关枪！我们要和平！”李广田和同学们一样情绪激昂，高呼口号。在枪炮声的伴奏下，5000多人在子弹的火网下继续开会。最后，大会在热烈的掌声中通过了《昆明各大学全体同学致国共两党制止内战通电》和《呼吁美国青年反对美国参加中国内战的通电》。到了9点多钟，大会按原定计划圆满结束。

可是，第二天的国民党报纸却刊登了一则电讯，诬蔑头天晚上参加大会的几千群众为“土匪”：“（中央社讯）本市西门外白泥坡附近，昨晚七时许，发生匪警，当地驻军据报后，即赶往捉捕，匪徒竟一面鸣枪，一面向黑暗中逃窜而散。”面对如此的公开造谣诬蔑和头天晚上对会议的破坏捣乱，群众愤怒了！昆明愤怒了！全市31所大、中学当即宣布联合罢课。西南联大学生会于26日成立了“罢课委员会”，宣布罢课三天，并向当局提出要求：“一、追究射击联大事件的责任问题。二、立即取消二十四日党政军联席会议禁止集会游行之非法禁令。三、保障同学的身体自由，不许任意逮捕。四、要求中央社改正污蔑联大之荒谬言论，并向当晚参加大会之人士致歉。”

11月28日，昆明市中等以上学校的罢课委员会成立。由于三天罢课期满，反动当局毫无答复，“罢委会”宣布无限期罢课，并发表了《反对内战及抗议美国武装干涉中国内政告全国同胞书》。同一天，昆明国民党的党政军联席会议开会，决定强迫学生复课，否则将大规模捕人。

11月29日，针对这个反动决定，“罢委会”组织了5000人示威游行，与之对抗。也就是这一天，《文艺新报》赶出了“反对内战，支持罢课”的号外，第一版第一篇就刊登了李广田的《关于高尔基》一文。文前特加“编者按”：“当法西斯的匪帮被反法西斯的联合阵线打垮了一大半的时候，为了纪念高尔基逝世九周年，李广田先生写下了这一篇文章。在这里作者特别强调了‘文化的主人翁们，站在哪一边’。现在反法西斯的战争虽已完全获胜，但由于美国支持中国内战政策及隐约间两个阵线的对垒，使我们深切地感到高尔基当年就极清楚地料到，也正因为如此，李先生才觉得更有介绍的必要。在这篇文章里我们定能得到不少的启示。”

李广田在本文中着重指出：“现在，像高尔基当初向美国的知识分子所号召的，我们还应当继续号召，向文化的主人翁们，向文学工作者们，无论是世界的，无论是中国的，无论是为了世界，无论是为了中国，我们要提出警告：‘你们，文化的主人翁们，这是你们决定站在哪一边的时候了。是帮助那不熟练的文化劳动军，帮助他们创造新的生活形式呢，还是反对他们，而维持那些不负责的掠夺者所构成的等级呢——它正从头到脚的腐烂着，只是因为惰性作用才能够苟延残喘？’”在当时的情势下，李广田提出这个问题，是颇有战略意义和现实的指导作用的。

这一期《文艺新报》才一出版，即遭查禁。后转为在校内发售，继续宣传。

学生在坚持罢课，在分组上街宣传，反内战、反独裁、争和平、争民主的声音响彻整个昆明城，得到昆明人民的极其广泛的同情。而敌人却在磨刀霍霍。11 月 30 日，特务四处出动，沿街追打学生宣传队。还有人风闻云南的特务聚集在国民党省党部宣誓：“为党国牺牲！”看来，敌人是真要动刀了。

12 月 1 日清晨，“罢委会”贴出布告，暂停外出宣传。可特务仍打上门来了。从上午 9 时到下午 4 时，大批特务和身着制服、佩带符号的军人，携带武器，分批闯入云大、中法大学、联大工学院、师范学院、联大附中，捣毁校具、劫掠财物、殴打师生，甚至投掷手榴弹，屠杀手无寸铁的学生，炸死了于再、潘琰、李鲁连、张华昌等 4 人，重伤 11 人，轻伤 14 人，造成了一场自“一九二六年‘三一八’惨案以来将近二十年间所没有发生过的大惨案”，震惊了全国，激怒了千百万群众。

第二天下午，于再等四烈士入殓典礼在联大图书馆前举行，上万人佩戴黑纱肃立着，当四烈士血迹未干的遗体一一由图书馆抬出，放进棺木时，民主广场上一片哭泣声。李广田也悲愤地站在队伍里。

如果说，抗战中的每一场风风雨雨，每一次所见所闻的残酷现实，都像是给李广田那正直善良的心灵里一次又一次地填进了炸药的话，那么，这震惊全国的“一二·一”惨案可以说就是点燃了这些炸药的一根导火索，“轰”的一声巨响，把李广田彻底地震撼了！他思想深处最后尚存的一点不明确的认识被震飞了。他心里埋藏着的那一座没有爆发的火山，现在终于爆发了。那蕴积了多年的滚烫的岩浆现在终于冲出了火山口，迅猛地汇入了巨大的民主运动的洪流之中。

从惨案发生后的第二天起，李广田接连几日都在四烈士的灵堂守灵。灵堂设在联大图书馆，前来吊唁的人每天络绎不绝，除教师学生外，还有村夫农妇、职员工人、商人店员，和尚也送来挽联，地方上层人士也来哀悼。有人扶老携幼从几十里外赶来拜别烈士遗体，有人专程捧献挽词于烈士的灵前。他们用不同的方式，向死难烈士表达崇高的敬意和人世间最深厚的情义。前来吊唁的超过 15 万人，而昆明市当时的总人口仅有 30 万人。灵堂里挽联和花圈层层叠叠，悲恸的抽泣声不绝于耳。这个灵堂显示了民主战士的英勇无畏，充满了对国民党反动派的血的控诉。

李广田连续几天在这里守灵，受到了铭心的教育，上了非常深刻的一课，学会了爱，也学会了恨；学会分辨勇敢和懦弱、黑暗和光明。他写下了这样一首祭诗——《我听见有人控告我》。这首诗，是惨案发生前后几日内他的切身感受，是他感情变化的真实记录，是他诚挚的心声：

十一月二十六日。
我带了书包到学校。
我听见有声音向我控告:
“先生，你是来上课吗？
为了争取言论自由，
为了抗议无理的压迫，
他们罢课了。”
我心里暗暗答道：
“我不是来上课的。”

而我的沉甸甸的书包，
也忽然盛满了空阔。
十二月一日，最悲惨的日子，
真正的匪徒屠杀了善良的学生，
我空着两手走进了学校，
我又听到有声音向我控诉：
“先生，他们为争取民主，反内战而流了血，
你呢？”
我呢，我羞于掏出手绢擦掉我的眼泪，
我两手捏得满满的，
我心里塞得满满的。
我闭紧了总是要爆炸开的口唇，
走进了我们的大图书馆，
我在四个死者身上，读到了仇恨的血誓。
我说我今天是来上课的，
这是最新的，最初的一课，
然而我今天不是先生，而是一个小学生。
我站在那里不能走开，好像在等待发落，
直到有声音向我严厉地斥喝：
“你呀，你这坏学生，这一课你不及格！”

在这首诗里，我们看到的是一位何等严于律己、勇于自责的作者形象！全诗的语言通俗浅白，甚至几乎接近白话。在极度悲愤的心境里，李广田已经来不及，并且也用不着去较多地考虑诗的格律、音韵及词藻修饰等，他只是，也只想如实地记下自己的感受、自己的思绪、自己的决心。尽管用词浅白，可作者那种从内心涌起的激情，那种迫切要求进步的渴望，却充溢在字里行间。

在这诗作的前半部分，李广田表示了深沉的自责，意识到自己的不足，悔痛自己在惨案中没有站在斗争的最前列，而“羞于掏出手绢擦掉我的眼泪”。后半部分，李广田勇敢地表达了惨案给自己带来的振奋和激励：面对死难者的鲜血和生命，“我两手捏得满满的，我心里塞得满满的”，“我在四个死者的身上，读到了

仇恨的血誓”。这与一年之前那些虽有战斗性但只是含蓄地表达观点的篇章(《他说:这是我的》《手的用处》《一粒砂》等)相比,李广田又进了一大步,他此时已经是旗帜鲜明、爱憎分明地表白自己的思想了。他直言不讳地悲愤地在诗中痛骂“真正的匪徒屠杀了善良的学生”,并坦率地表示“我今天是来上课的”,“我今天不是先生,而是一个小学生”,向烈士表达了自己由衷的敬意和后死者的战斗决心!向世人表明了自己在严峻现实面前所做出的抉择!

《文艺新报》于12月16日赶出了第四期《“一二·一”殉难烈士纪念专号》。第一版第一篇是联大文艺社、新诗社、剧艺社、冬青社、阳光美术社、高声唱歌咏队等六大文艺社团联名的祭四烈士文。第二篇就是李广田写于12月5日的杂文《不是为了纪念》。

这篇杂文,从题目上就使人们很快想到鲁迅为纪念“左联”五烈士殉难而写的《为了忘却的记念》,文章本身也确是明显地继承和发扬了鲁迅《记念刘和珍君》的战斗抒情的文风。在这篇文章里,李广田那种进步的观点和战斗的决心表达得更明白、更勇敢了!他先从鲁迅19年前的《记念刘和珍君》一文说起,发出深沉的感慨:“十九年!十九年的日子并不算太短,在这并不太短的岁月中,很可能创造一个像样的国家。然而我们,刚刚经过了八年的苦战,到头来却只落得这样的结果!”他悲愤地指出:“仿佛‘三一八’的血和‘一二·一’的血汇流到了一起,多少人的鲜血正洋溢在我们的周围。”李广田已经懂得了现在这场内战的严重性,也看到了人民必胜的前景,他预言:“假如杀人者不肯放下屠刀,大约我们的血还得继续流下去;屠手们假使不能用过多的血作为营养,他们就必须在人民的血泊中淹没。”他在文章中还表示了置生死于度外的态度:“‘一二·一’的死难者也只是为了要说话,我们没有死,我们就应当接着他们的声音说下去,直到我们死时为止。”最后,李广田大义凛然、信心百倍地发出战斗的召唤:“希望在我们面前,我们要奋然前进!而‘一二·一’,正是进军的口号,‘一二·一’使我们的步伐更一致,‘一二·一’唤我们勇敢向前!”

李广田这篇文章写得好极了!它确实“不是为了纪念”,而是为了行动,为了战斗!它正是李广田奋身投入战斗的宣言!这一期《文艺新报》上的很多诗篇、杂文、通讯、特写,大多数是用笔名发表的,而李广田毅然署真名发表,无所畏惧地以自己的坚定言行，做了自己在严峻现实面前站在哪一边的最好说明。这篇文章后来成为“一二·一”运动史料的历史性文献之一，为好多个选本所选用。

“一二·一”运动是抗战胜利以后的第一个大规模的学生运动，它有力地揭露了国民党反动派卖国独裁的真面目。“一二·一”惨案是全国政治的缩影。昆明的学生与教授的命运，也是全国人民的命运。昆明的民主运动，是全国民主运动的一部分。严峻的现实擦亮了李广田的眼睛，他在斗争中提高了觉悟，坚定了信心，彻底抛弃了从前那种“日边清梦断”的幻想，不畏强暴地忘我地投入到民主运动中。他在“一二·一”的召唤下“勇敢向前”了！

1946 年春，联大各文艺社团准备成立艺联，请闻一多、李广田题词。闻一多题：“为人民服务。”李广田题：“不只暴露黑暗，更要歌颂光明。”李广田这两句题词，让青年学生体会到他对党的热爱和对革命必胜的坚强信心。

3 月 17 日，是为四烈士出殡的日子。国民党当局规定不准出声、不准喊口号。“罢委会”便采取了巧妙的斗争策略，特别是利用路祭的方式进行斗争。这天清晨，昆明有两万多人集中在联大图书馆前。出发前，全体肃立，向烈士致哀。8 点钟，送葬的队伍出发。走在前面的是纠察队，接着是主席团。李广田挺身参加路祭活动，和青年们一起坚持了 8 个小时的游行。昆明市万人空巷，都跑到大街边向烈士致敬。沿街设了好多祭桌，上铺洁白的桌布，放着四烈士遗像。有一个祭桌置于国民党省党部的右侧。吴征镒就在这个魔鬼巢穴的门口高声朗读祭文，庄严宣告：“你们安眠吧！因为今天，我们两千未死之人——你们的同学、同志、伙伴，以无限悲哀和无比坚决的心情在你们的灵车前宣誓：我们一定踏着你们的血迹更勇敢地前进！”这誓言也表达了站在队伍中的李广田的心声。

悲壮的队伍像一道铁流，流过昆明最繁华的街道。它控诉了反动统治者的凶残，显示了民主战士的决心。队伍最后把烈士遗体送到联大新校舍墓地。下午4点多，公葬典礼在沉重的气氛中开始。上万人目送烈士安葬。他们眼睛里饱含泪水，胸中燃烧着满腔的怒火，心里充满了仇恨。司仪在鞭炮和哀乐声中宣布礼成后，闻一多在乌云低重的广场上致悼词：“我们一定为死者报仇，要追捕凶手。我们要追到天涯海角，这辈子追不到，下辈子还要追！这血债是要还的！”此时，听着闻一多先生的誓词，李广田内心的悲愤也达到了极点！后来，他在《日边随笔》的序中写道：“然而从‘一二·一’惨案以后，就连那座古老的‘近日楼’，也变成了战场，这正应了我们时常引用的那句话：‘一边是荒淫无耻，一边是严肃的工作’，一边是昧着良心造谣中伤，一边是青年们冒着生命的危险在为人民说话。这一斗争，今天还正在坚持，正在扩大，这成了中国人民的生死关头。”这段话充分表明李广田已经站稳了人民的立场，爱憎分明地踏上了做一个为人民争民主的战士的道路。

暑假来临了。虽是盛夏，昆明的政治气候却是严酷的、寒冷的。这时，联大开始迁校，一批批的师生离开了昆明。闻一多还没有走，因民盟正在争取公开活动的权利，不少工作要交接，还需要办一个报纸。为此，闻一多自告奋勇在昆明多留几天。7 月 11 日，联大最后一批学生早晨离开昆明北上，晚上 10 点，枪声又在昆明街头响了，国民党特务用手枪暗杀了李公朴先生。这是一个阴雨绵绵、人心惶惶的日子，谣言蜂起，军警林立，春城成为一座恐怖的危城。

暗杀只能暴露反动派的凶残和卑劣，从来封不住人民的嘴。昆明人民，对于李公朴的死深表哀悼。闻一多大义凛然地站出来主持李公朴的后事。7 月 15 日上午 10 点钟，李公朴先生治丧委员会在云南大学至公堂开会，会场洋溢着严肃而悲愤的气氛。李夫人张曼筠悲痛地在台上报告李公朴遇难经过，台下却有特务故意捣乱，说笑打闹。闻一多不顾一切跳上台去，拍案而起，即席发表了“最后一次讲演”，面对特务的枪口、刽子手的狞笑，闻一多大无畏地表示：“我们不怕死！我们有牺牲精神！我们准备随时像李先生一样，前脚跨出大门，后脚就不准备再跨进大门！”

可是，当天下午 5 点多，国民党特务竟敢冒天下之大不韪，在离闻一多所居住的联大教工宿舍不到 20 米的地方，枪杀了闻一多。

李公朴的遗体尚未火化，闻一多又牺牲了。这种空前残酷、丑恶、卑鄙的暗杀手段，激起了全昆明人民、全中国人民的愤怒抗议，“反内战！要民主！要自由！”的呼声响彻全国。

闻一多遇害这一天，李广田天黑以后才回到家，他一天没有吃饭。妻子递过饭碗去，只见他几滴热泪落在碗里，饭却咽不下一口。这是怎样一个豺狼当道的世界啊！他在这血淋淋的教训中更加惊醒、更加感奋！他对自己的学生说："国民党反动派倒行逆施，下毒手杀害了闻一多，也就注定了它自己灭亡的命运，反动派杀了闻一多，人民也最后抛弃了反动派，我们要和反动派拼到底！"他在《自己的事情》一文中也坦诚地说："尤其是闻先生的死，使我了解了更多的事实，也确定了更大的信念。"

闻一多牺牲后，全国各地的唁电、唁信、抗议书、呼吁书像雪片般向昆明飞来。中华全国文协总会召开大会追悼闻一多，发表了为"李闻惨案"告世界学者书。田汉先生还建议，由留昆的"李广田、李何林先生把闻一多先生的著作搜集起来，广泛地印行出去"。当李广田获悉自己也被列入国民党特务的暗杀黑名单时，他毫无畏惧。他痛恨反动派的法西斯暴行，决心踏着民主斗士的血迹前进。他和李何林先生一道，着手整理闻先生的遗著，为日后出版闻先生的选集、全集，使他宝贵的学术成果得以永留后世而做准备工作。李广田是这样认识闻先生之死的意义的："他的血并不只是染成一朵无名的野花，也不仅仅染了他脚下的枯草，而是染红了无数人的心，使千百万人站起来，为民主，为和平，为一个新的人民中国而斗争。"

第五章

绛帐生涯

第一节 南开 — 清华

西南联大于 1946 年 7 月 31 日正式结束。8 月中旬，李广田怀着因“一二·一”惨案和“李闻惨案”激发的满腔悲愤和坚定信念，携家眷离开昆明，踏上了北上的征途。之后，无论是先在天津南开大学任教的那些日子里，还是后来执教于清华的那些岁月中，李广田都积极支持学生运动，勇敢投身于民主运动之中，表现了比以往任何时候都大得多的热情和勇气。

北上途经重庆时，李广田和朱自清参加了重庆文协分会的欢迎集会，与朋友们相聚，分外高兴。重庆《新华日报》第三版还专门发了电讯，并说他们不日将飞北平。

在重庆候机的日子里，李广田专程去看望了学生时代的老友、汉园诗人之一何其芳。何当时任《新华日报》社副社长、中共四川省委宣传部副部长，在周恩来同志的直接领导下工作。好友重逢，感慨良多，彼此勉励，互道珍重。

北方的清秋，空气是那样透明。李广田在北平短暂停留后，便赴天津南开大学中文系任教。青龙潭畔的南开校园是静谧的。李广田一家人住在校园内西柏树村 26 号这个僻静的小独院里。庭院内植有几棵柏树，阳光从树顶上面撒下斑驳的光点。院落后面不远处有被称为“双溪”的两条涓涓细流。环境是幽静的。

可是，校园内的政治空气却颇沉闷。此时的中国，正面临着两种命运两种前途的选择，黑暗与光明正在进行历史性决战。反动当局为了加强对南开的控制，派来了大批国民党员、三青团员和军统中统分子。他们在校内气焰嚣张，甚至携带武器，威胁师生，破坏学生运动。

这时南开的学生由以下三部分组成：一部分是由昆明回来的，另一部分是由北平临时大学拨来的，还有一部分是当年招收的新生。由于形势复杂，几部分学生之间又互不了解，进步力量暂时不能统一地展开活动。校园内的空气一度沉闷。但是，南开师生是具有光荣革命传统的，处在这种肃杀沉闷的空气里，进步师生们仍向往着战斗。12 月 1 日这一天，就有人把四烈士的照片和游行、路祭的照片布置在一个小房间里展览，纪念“一二·一”一周年。

12 月 25 日，北平发生“沈崇事件”，消息传来，南开学生义愤填膺，立即行动了起来，与北洋大学、河北女师、冀工、水产专科学校等院校及一些中学联合起来，开展了抗议美军暴行、反对美帝国主义干涉中国内政、要求美军撤出中国的运动。29 日，南开、北洋两校学生自治会联合发表告全国同胞书，并于当天上午向正在天津维斯理基督堂传道的美国驻华大使司徒雷登面交抗议书。30 日，南开全校罢课。1947 年 1 月 1 日，南开、北洋等校 3000 余名大、中学生分南北两路举行游行示威。愤怒的南开学生冲入市政府二楼，提出八项具体要求。斗争坚持到天黑，市长杜建时被迫出面，一面敷衍搪塞，一面也不得不答应了学生的一些要求。

这次抗暴斗争标志着反对美蒋运动的新高涨，斗争中涌现出一大批积极分子。抗暴斗争之后，进步学生很快组织起一些进步社团，成为党联系群众的一条纽带。华遵汤（即凌力学，中国政法大学副教授）等同学组织了一个新诗社，请李广田任导师。因为李广田的进步倾向很明显，在进步学生中威望很高。新诗社邀请了邢公畹、辛毓庄、张肇科、刘荣恩等进步教师出席成立晚会，并请李广田讲了话。李广田在简短有力的讲话中对同学们表示了强烈的支持。晚会上，同学们热情洋溢地朗诵了艾青、田间、何其芳的新诗，气氛热烈，令人振奋。

此后，新诗社连着出了三期《诗生活》铅印小报，都是请李广田帮助选的稿。所选用的稿件都充满鲜明的时代精神和战斗激情，内容主要是反饥饿、反内战，要民主、要自由的。或揭露国民党反动派的罪恶与腐败，或讽刺走狗特务镇压群众的卑劣行径，或歌颂民主运动，或抒发战斗决心。更能表现编选者李广田的进步倾向的，是定为代发刊词的《给时代的诗人》（紫鹰作），文中旗帜鲜明地这样说：“我们是为了人民的要求而写，不是为了少数人而写，更不是为自己而写。我们要写出的是人民的声音，人民的需要——民主与自由，温饱与和平……不仅是批判过去，纠正现在，而且还要勇敢地说出将来。”

蒋介石的内战政策给国统区人民带来了极大的痛苦，物价一日三涨，工厂倒闭，工人失业。教育经费削减，教员学生吃不饱饭，国民党用于内战的军费却大幅度增长，广大人民挣扎在饥饿线和死亡线上。平津沪的学生决定于5月20日举行游行示威。学生走上街头高呼：“要饭吃，要和平，要自由！”“反内战，反饥饿！”沉重打击了国民党的内战、独裁、卖国政策。

天津的学生分两路游行。南开大学这一路队伍刚走到迪化道（现鞍山道），便遭到预伏的200多名特务、暴徒的突然袭击。皮鞭、警棍、石块、砖头一齐向学生打来。简正芳、赵桂华、李恩泽三位同学被打得头破血流，当场昏倒。这次游行共有6人被捕，20多人受伤。这就是国民党造成的天津“五二〇”血案。

血案发生后，平津各大学罢课支援南开大学。南开的大多数教师都很同情和支持学生的反蒋爱国斗争。还在血案发生前一天，李广田和其他教授、讲师等共60余人就联合签名，发表《告同学书》，坚决表示：“对于你们这次反内战、反饥饿运动，我们实在同情。你们所代表的是中国广大人民内心所共有的意见。我们相信，凡是对于国家的现状感到痛心的人，都愿和你们站在一起。”血案一发生，南开教职员立即为受伤同学捐款300余万元（旧币）作医疗费，一些进步教授冒着风险赶往慰问。次日的《大公报》登载了消息，标题是《南大教授愤慨　李广田等赶往慰问同学》，正文是：

> 〔本报讯〕南大教授李广田、刘荣恩及夫人、何炳林、张兆科、周基坤、赖万澄诸先生闻悉同学为游行被阻受辱挨打，特以个人立场，于十一时半先后自八里台赶到六里台慰问。李广田致词，略称：“这次运动是最自然的，反内战是最主要的目的。我们不管谁在打内战，谁不让我们反内战谁就是打内战的（掌声经久不绝）……”

李广田热情地关心学生运动，积极地支持学生运动。他总是站在进步教授的前列，给需要支持和声援的同学以及时、有力的支持。在进步教师签名发表呼吁和平宣言等联合行动中，他也总是挺身在前，表现了坚定和勇敢。他自觉地为民主运动奉上自己火热赤诚的心。无怪乎《大公报》的一篇《文坛人物杂记》中如此介绍李广田:“他严肃、认真而且热情。他有嫉恶如仇的精神,他的谈锋,他的笔,无一不指向黑暗、落后、腐败的势力,他的演讲总是吸引不少的听众,他的声音不大,不高亢,但内容是朴素亲切有力的,使人折服的……”

国民党当局又一次对李广田发出通缉令。受朱自清先生邀请，李广田于1947年秋天由南开转到清华大学中文系任教。先住照澜院3号,后住新林院32号,都是单家独院的平房。

由于黑暗统治势力的压迫一天比一天厉害，李广田对反动派的仇恨也一天比一天加深。他的进步倾向更鲜明、更强烈了。他更勇敢地参加到青年人的行列。同学们举办的许多集会、讲演、座谈,有些人还不敢参加,但是李广田几乎是每次都参加。当时中文系的人还不多，师生加起来也就几十人。李广田和朱自清、余冠英等几位进步教授成了中文系教师中进步的中坚力量。他们几位生活俭朴、作风朴实、治学严谨,在学术上有影响,在同学中有威望。在他们的带动下,多数教师的表现都很不错,整个系的风气比较正,就连少数几位学究味过重、夫子气过浓的教授也受到了他们的感染和影响,逐渐向进步靠拢。

李广田的家是进步师生们经常出入的地方。系里组织的联欢会等活动,好几次都是在李广田家里举行,活动气氛融洽、欢快。其中一位同学后来曾很留恋地回忆起这样的联欢会的情况:“在会上,师生们朗诵自己写的新诗,唱家乡歌曲,也唱京戏、民歌等,非常融洽。尤其是李小妹(当时同学都这样叫李老师的小女儿李岫),更加活跃,她极会朗诵。我们欢迎她,李老师也在旁边鼓励她,叫她朗诵自己写的诗。她就站在会场中间,大声地、有情感地朗诵起来。朱自清先生带头和师生们鼓掌叫好,李老师和李师母连说:‘不行,不行,还要努力。’李小妹不好意思地跑进里屋，引得笑声满堂。每次这样的联欢，都增加着师生友爱的情谊,浸透着革命大家庭的欢乐……”

李广田不仅充满热情，而且开朗多了。1947年的除夕，中文系举行同乐晚会。从解放区传过来的秧歌当时已经开始流行，当天晚会的主要节目就是扭秧歌。同学们给李广田和朱自清两位先生化了装,还让他们披红挂绿,戴上一朵大红花。他们兴奋地和同学们扭在一个行列里，而且扭得最认真。看着他们这种精神，在场的师生无不兴奋，无不感动。

1948 年初，在中文系举行的朗诵会上，李广田和朱自清合作，朗诵了臧克家的诗《老哥哥》，朱先生扮长工，李广田演地主家的小子。他们都进入了角色，演得很动感情，博得师生阵阵的掌声。

“富贵不能淫，贫贱不能移，威武不能屈”的确是中国正直的知识分子可贵的传统。在精神生活如此充实，进步热情如此饱满的同时，李广田和朱自清的物质生活条件却是极为艰苦的。穷困久久地缠绕着进步教授们。李广田在写给友人的信中曾表白了这样的苦衷:“内子失业，小女失学，长夜茫茫，不知何时到天明。”《清华北大联合报》第五期登载的《马贤教授谈话》中也提道:“李广田师母已患胃病，上月定了二磅牛奶，定费付不起，只有不定了。”真是饱经忧患，历尽艰辛。至于朱自清后来一身重病，宁可饿死，不领美国的“救济粮”，更为世人所共知，为青史所铭记。

随着革命形势的发展，地下党组织决定培养一些有影响的进步教授加入组织。经过分析，联系西南联大以来的一贯表现，党组织决定在中文系先发展李广田和朱自清，并指定学生中的地下党员、校学生会理事、校女同学会文艺部长、中文系学生会主席陈柏生负责发展工作。组织的考虑是先发展李广田，再发展朱自清，因为比较而言，李广田的进步倾向更明显一些，与学生更接近一些。校学生会组织的“文艺讨论会”等活动，总是有意识地多请李广田参加，让他从进步同学的发言讨论中多受教育，进一步提高认识。在与进步同学多种形式的接触中，他自己也感到很受启发，思想上很有收获。他参加各种进步活动越来越积极了。有些活动需要签名的，他总是大胆勇敢地签。有些场合需要他发表讲话的，他总是旗帜鲜明地讲。他对不少问题的看法都跟得上时代的发展步伐，距党组织对他的要求越来越接近了。

很多事实表明，李广田是在紧跟着时代进步的，而且进步得很快、很踏实，一步一个脚印。党组织认为，发展李广田的时机已经成熟。于是，陈柏生代表组织与李广田几次正式谈话，向他讲明若加入党组织将随时有被捕的危险。但是，李广田毫无畏惧之情，表示了自己迫切要求加入组织的坚定信念和不怕牺牲的决心，表示要多为党做工作。这在当时那种白色恐怖严重的情况下，一般在学问上已有成就的人，多少会有所顾虑，不像青年学生那样无牵无挂。但李广田却毫无顾虑，坚决地靠拢党组织，确乎是难能可贵的。反复考察的结果，组织认为，李广田对党的认识是正确的、有基础的，入党动机是纯的。于是，在组织要求下他郑重地、严肃地、一丝不苟地写好自传交给组织。时间不长，李广田被批准入党了！这时，是1948 年 7 月。

这在李广田的历史上，是一个多么令人难忘的日子啊！从这个时候起，李广田成为一名光荣的中国共产党党员。他的生命展开了一个绚烂的新时期！他从一个贫苦农家的穷孩子，走过了艰难曲折的道路，经历了探索和苦斗的历程，不断地追求进步，不断地追求真理，在进入不惑之年后，终于找到了马列主义这个伟大真理，找到了中国共产党！从此，他矢志为中国人民的革命事业奋斗终生。从此，他自觉地把文学活动与教育活动同党的事业紧密地结合起来，他的文学活动与教育活动也进入了一个新时期。

真理的熠熠光华照耀着李广田，他心里充实多了，也比过去忙多了。他家里的客人比以前更多了。夜里也有客人来，他们悄声细语、神情严肃。有时，李广田还把自己的衣帽送给客人穿戴。原来，这是一些辗转去延安和解放区的青年学生和地下工作者。有的是来商量工作，有的是来辞别。李广田的心和他们紧紧地连到了一起。

1948 年下半年，国民党反动派加紧了对进步学生的迫害。8 月 19 日，伪报公布了 250 名学生的黑名单，限这些学生第二天到伪特刑庭投案。19 日到 21 日，清华园里的气氛不同寻常地紧张，国民党军警包围了学校三天，要搜查逮捕进步学生。21 日这天，李广田和余冠英等教授分别“陪同”反动军警去搜查。党组织指示李广田以教授身份出面，“团结知识分子，保护学校，掩护进步学生，不能让反动派抓走一个人”。这次搜查，由于地下党事先就得到了情报，在 19 日前就分头通知了列入黑名单的人员转移隐蔽，所以没有造成多大损失。而就在 21 日军警搜查时，李广田自己家中就正隐藏着已被列入黑名单，因布置安排其他同志转移，而自己尚未来得及撤走的中共北系总支书记梁朋同学。李广田机智地迷惑了敌人，冒着风险将梁朋藏了一夜。第二天又迅速将梁朋安全转移了出去。李广田以一个共产党员的耿耿忠心为党保护学校中的革命力量，尽了自己最大的努力。

加入党组织之后，李广田除明显地表示了不怕牺牲的精神外，还显示了很强的组织纪律性。入党前后，他一直是由介绍人陈柏生单线联系。不久，组织通知他们，以后另派他人直接联系李广田。于是，相当一段时间内，陈柏生都不知道李广田是与谁联系。因为李广田按照地下工作的原则，见了陈柏生都不告诉自己现在是与谁联系。新联系人布置的工作，他也不和陈柏生交谈。后来，陈柏生回忆起当时的情况，很爽朗地笑着说：“李先生（李广田）当时听组织的话，就像一个小学生听老师的话一样，老实极了。组织上叫怎么做他就是怎么做的。”

1948 年底，代替了闻亭钟声的是那临近解放的隆隆炮声，清华一些教授启程到南方或到国外去了。一位好心的朋友劝李广田到美国去，说：“你是北大英语系出身的嘛！”李广田谢绝了。一个经过多少年的曲折和探索才终于站到了党的旗帜下的战士，当看到党所领导的解放战争就要获得全面胜利时，怎么能离开自己的战斗岗位呢？一种追求新世界的渴望时时流露在他脸上，他忙得更欢畅了，工作得更积极了。他耐心细致地做一些教授的思想工作，劝他们打消顾虑。他关心他们，帮助他们分担一些困难。在这些临近解放的日子里，还常有一个秃头、和蔼的中年人出入李广田家，这就是北平地下党负责人、华北局城工部长刘仁同志。在刘仁同志的坚强领导下，很多革命者坚持着艰苦的斗争，有的甚至付出了生命。在清华园里，地下党领导进步师生，通过各种形式，号召大家配合解放战争胜利发展的新形势，开展更深入的团结教育知识分子的工作，准备迎接人民解放的到来。李广田在地下党支部的领导下积极开展工作，活跃于各社团和学生之中。

12 月 13 日中午，远处传来阵阵炮声，很快由远而近，机关枪声也清晰可闻了，学校下午宣布停课。人们兴奋地到处传递着解放的信息。15 日，中国人民解放军进驻海淀。清华园解放了！18 日，西校门上张贴了解放军第十三兵团政治部布告：“查清华大学为中国北方高级学府之一，凡我军政民机关一切人员均应本我党我军既定爱护与重视文化教育之方针，严加保护，不准滋扰，尚望学校当局及全体学生，照常进行教育，安心求学，维持学校秩序。”

1949 年 1 月 31 日，北平和平解放。这座文化古都完好无损地回到人民手中。清华园也获得了新生。水木清华伫立在冬日的阳光下，古老而又年青。当荷塘里的冰渐渐消去，大礼堂前的草坪又返青的时候，新的春天来临了。清华园门楼下贴出了一张大红布告——“中共清华大学党支部名单”，上面庄重地写着：“何东昌、屠守锷、樊恭烋、李广田……”当 11 岁的小李岫挤在人群中读到父亲的名字时，她感到光荣和骄傲，赶紧跑回家去兴奋地抱住父亲：“爸，你是党员？布告都贴了！”

解放了的清华园，不再是《荷塘月色》中的那种苍白的静谧，而是一片欢腾，洋溢着喜悦和欢笑。秧歌队、歌舞团、骆驼剧社，十分活跃。人们冒着寒风，出城去迎接大军入城。穿过了旧社会的漫漫长夜，李广田终于迎来了人民解放这一胜利的伟大节日！

北上之后，无论是在南开还是在清华，李广田都有一个明显的特点，那就是诚恳地关心青年，热情地爱护青年。一方面自觉地从进步青年身上汲取前进的力量，另一方面热诚地教育青年，引导青年不断进步。

陈柏生同学是李广田的入党介绍人，可是李广田从不因为这种关系，就放松作为老师对学生的严格要求。陈柏生心里也很清楚，李广田老师是最看不起不学无术的人的，因而学习上更刻苦，边搞学生运动边搞好学习，从不耽误功课，考试成绩也相当好。李广田对此很高兴。在指导陈柏生作毕业论文时，李广田既认真细心地提出意见，又决不轻易删改她的观点。这种对青年学生的爱护和尊重，使陈柏生非常感动。

还有个女学生汪瑞华是系学生会的常务干事、地下党员，有一学期因学生运动的事情太忙，没参加一门课的考试。李广田便写了封信给她，语重心长地说：“学东西要有始有终，既要搞好学运工作，也不要把学习丢了。”多少年之后，汪瑞华都难以忘却这件事，一直很感谢李广田老师的关心。

郭丁同学有一次写的作文中表示了对国民党的不满。李广田认真批改后在批语中提醒说:“注意策略,不要太直。”看完批语后,郭丁心里热乎乎的,深感李老师的热情爱护之可贵。的确,在那种黑暗环境里,不注意一点是不行的。

高庆琪同学和另一个同学首次去看李广田老师时，正在伏案修改长篇小说《引力》的李广田,笑容可掬地站起来迎接这两个年轻学生,之后又围绕文学艺术和他们谈了近三个小时。高庆琪第二次去访问李老师时,偶尔瞥见他摆在书桌上刚刚脱稿的《引力》后记,说打算借阅一下,李广田当即毫不犹豫地交给了他。事后看着那秀逸的毛笔字，那行云流水般的文笔，高庆琪感到自己冒昧和唐突了——这是唯一的手稿,要是万一不慎遗失,怎么办呢?然而,李老师就是这样以一片赤诚之心接待一个还不大熟悉的青年学生的。

华遵汤同学第一次与李广田老师面谈,想要选修李老师的“大一国文”时,顺便拿了自己写的两首诗稿请他看。隔了一天,华就收到了李老师的一封短信,要他把其中写得较好的一首诗稿重抄一份,说准备替他推荐到《文艺副刊》发表。华遵汤感动极了,才第一次接触,李先生就这样认真,这样热情!

无怪乎《大公报》的《文坛人物杂记》中曾如此介绍李广田:“他给人的感觉是亲切，红红的脸上永远带着对于同伴的爱，对于友人的关切，对于全人类的关切。他关心每一个熟知的人,他的身边也同样有着多少人的友情的照顾。他生病了,友人们会不断地去照看他,房子里陆续不断地走进来学生、同事、友人。”

也无怪乎《清华大学1948级年刊》里一篇介绍文学院的短文《这里没有一个老夫子》中这样说:“至于李广田先生更是大家所熟悉的,他的‘文学概论’‘戏剧选’‘各体文写作’等班上,常常是挤满了旁听的同学。他爱青年,自己也有一颗青年的心，常常极诚恳而又有力地拉着山东调子说:‘这时代只有青年才有办法。’创作方面,他指出了一条大家都该走的‘路’。在新的观点上,他又给予大家一个文学的新观念,所以他一直是被大家所爱戴的。”而李广田自己则是这样敞开心扉的:“四十年的岁月不为不长，然而一个人的进步竟是那么困难，那么迟缓的。好在我还没有衰老之感,相反,我还常常觉得年青,有时甚至感到幼稚,凭了这一点,我相信我还不会止步,何况我还有那么多年青的伙伴随时给我以鼓舞

和督促。”(《自己的事情》)

李广田还倾注了很多精力和心血，写作了为数相当可观的文学批评和文艺理论文章，结集出版的有:《创作论》(1948)、《文学枝叶》(1948)、《文艺书简》(1949)、《论文学教育》(1951)。他之所以在这方面如此努力,动机是很明确的。他说:“两年以来,可以说毫无创作可言,我的兴趣转移到批评方面来了。我认为今天应该建立一种严正的文学批评,以配合今天的政治文化工作。”(《自己的事情》)

此外,李广田还有一部生前未及整理出版的重要的书稿——《文学论》。它最早是在西南联大讲《文学概论》的讲稿。初稿完成于1946年,到了清华后,在教学实践中又做了多次补充和修订。李广田在《文学枝叶·序》中提到,《文学枝叶》中的某些文字“都是一时为了报刊的需要,从一部尚未定稿的《文学论》中删节或缩写而成,这就正如从一棵大树上裁下来的零枝散叶”,在《创作论·序》中又提到,“《创作论》十篇,是《文学论》里的一枝”。

而这棵“大树”——《文学论》的全貌一直未能与读者见面。直到1978年,李广田去世10年后,在李广田的遗物里才找到这部巨著的上卷,即“总论”部分,至于中卷和下卷仍不知下落。

李广田这些文艺批评和文艺理论著述,是他结合多年来丰富的创作经验,对艺术规律和文学的一些文艺理论问题潜心研究与探索的结晶，反映了他置身于民主运动的洪流之中,接受了现实斗争的教育和影响的进步的文艺思想。“他的文艺思想成熟于大量艰苦的创作实践之后。因为亲尝个中的甘苦，而且在主观上,他立志要‘建立一种严正的文学批评’,所以这类作品立论精审,分析剀切,颇多透辟的创见。在文字上也依然那么明白晓畅,质实无华。”[①]加之他善用一些生动的比喻和恰到好处的举例说明,深入浅出,使精深的观点变得通俗易懂,在娓娓道来之中,读者心领神会,倍生亲切之感。

①梅子:《李广田选集·前言》。

处于20世纪40年代中后期那种险恶、艰苦的环境中，相当一部分知识分子尚处于彷徨状态，有的甚而怀疑马列主义的进步文艺理论，而李广田能在脚踏实地的基础上，努力以马列主义的先进思想为指导，以现实主义为核心，联系亲身创作实践，深入浅出地用唯物史观来解释文学现象，来阐明文学的发生和发展、文学的社会本质、文学的社会功能及文学创作中的一系列问题，初步形成自己独立的符合马列主义原则的文艺理论体系，实在是难能可贵的。

第二节 教育诗

阳光洒满了中华大地，古老的北平沐浴着和煦的春风。清华园里生机盎然，历尽重重苦难的知识分子终于获得了新生。

曾为全民族的解放事业冒过风险、尽过努力，已成长为知识分子中的先锋队战士的李广田，此时更是百感交集，他兴奋、激动，立下了更坚定的志向，决心把自己的全部精力、全部聪明才智贡献给新中国的教育事业，为中华民族的繁荣昌盛培育英才。从1949年起，直至1968年去世这近20年间，李广田始终站在党分配的教育战线的领导岗位上，无限忠诚于党的教育事业，用自己的勤奋实践和模范行动，谱写了一曲优秀动人的教育诗章。

刚一解放，百废俱兴，清华校务委员会成立，挑起了领导全校工作的重担。李广田自朱自清先生去世就一直继任中文系主任，现又被选为校务委员，千头万绪的工作压到了肩上。1949年7月，他参加了全国文学艺术工作者第一次代表大会，当选为大会主席团成员、全国文联委员、文协理事。1950年6月，参加了教育部在北京召开的第一次全国高等教育工作会议，受到毛主席和周总理的接见。7月，北京市文艺工作者代表大会召开，他当选为北京市文联常务理事兼组织联络部长。

11月底，李广田担任清华大学副教务长，分管留学生工作和文科教学、科研工作。从本月起，首批交换留学生35人陆续到达北京，进入清华大学学习。这是新中国成立后接受外国留学生的开始。

1951年1月初，李广田应邀开始参加中央文学研究所的筹备工作并讲课。与此同时，当北京市为培训中学师资，按党关于“把旧的摊子接过来改造，思想上武装，业务上提高”的方针，专门为中学教师举办讲座而请他去讲课时，他同样是不辞劳苦，不计报酬地远道赶进城里讲课，为中学师资建设尽力。

李广田忙极了，忙得很兴奋。一面要安排教学、科研和留学生工作，考虑教育改革的方案；一面要授课，开讲座；一面要忙于做教授的思想工作，关心教师的工作、生活；一面还要伏案编选《闻一多选集》《朱自清选集》并写作序言，赞扬他们的艺术成就和斗争精神。他的工作热情很高，很有干劲。

有的教授当时对党对革命还缺乏认识，思想情绪不够稳定，他就耐心去做工作，细心讲解党的知识分子政策。他东家进西家出，有时连饭都顾不上吃。他还安排一些学生干部去配合做这些教授的思想工作，帮助他们多了解共产党。有些教师生活上有困难，他就主动去关心，帮助解决。在团结广大教师一道进步，共同为新中国建设出力这一方面，李广田做了大量工作。有的学生佩服地说：“李先生简直是忘我了。为搞群众工作，搞党的工作，辛辛苦苦，不计较得失，不埋头自己的学问。”

有些还差一两年毕业的进步同学，由于革命需要，提前离校去参加南下工作团，李广田热情地鼓励他们说：“好啊，又上了更大的学校!”这话还包含了一个意思，即希望他们不要舍不得学业。他语重心长地对这些同学说：“要有吃苦的思想准备，要随时准备去克服困难。知识分子的思想改造是痛苦的，要有决心。人民群众是我们的母亲，要虚心向人民学习！”当有的同学对分配去做中学教师不大乐意时，李广田爽朗地动员他们说：“干什么不都一样？都是干革命嘛!”帮助他们愉快地走上工作岗位。

1952 年下半年，教育部根据“以培养工业建设人才和师资为重点，发展专门学院，整顿和加强综合性大学”的方针，以华北、东北、华东为重点进行全国高等院校院系调整。至年底，全国已有四分之三的高等学校进行了院系调整和专业设置的工作，清华大学改为多科性高等工业学校。

在院系调整中，组织上安排李广田调到云南大学任副校长，任命书是由中央人民政府主席毛泽东亲自签发的。当时，云南大学校长由云南省省长周保中同志兼任，调李广田任副校长，主持学校日常工作。李广田不讲条件，不计较边疆的艰苦，愉快地接受了。在这之前，山东大学校长杨振声曾约请他去山东大学任副校长，他也表示，只要组织同意，他乐意去。

李广田是热爱教育工作的。他曾说过："我对于教育工作、文学工作是从不厌倦的，我愿意终生献身于此。"而现在，他为了搞好党的教育工作，宁愿把文学工作放弃了。有些同志还为他放弃了文学工作而感到惋惜。在中宣部里，当时任文艺处长的丁玲还对周扬说："把李广田弄去做校长很可惜。"可李广田不以为然，还积极物色人才一同去办好云南大学。当时，郭良夫同志原定与叶丁易、邢公畹同志一道赴苏联讲学。李广田曾找到郭良夫，要他讲学回来后去云大做教务长。郭答应了，后来因故未去成。

此时刚解放不久，云南边疆各方面的条件都还很艰苦，有人劝他不要去了，可他的思想准备很充分，他坚定地说："我们做共产党员的不去，谁去呢？"在与老朋友臧克家谈起此事时，他坦率地说："当然，我是不愿意离开北京的，可是组织上的分配，我愿意服从。"正当他愉快地整理行装，准备到边疆去的时候，女儿出来和他唱对台戏了。她不走，坚决不离开北京。李广田笑着对心爱的女儿说："大家都愿在北京，谁去建设边疆呢？爸爸也愿留在北京啊！将来还是有可能再回北京的，等我们把边疆建设得和北京一样的时候。"

金菊飘香的10月，李广田携妻女飞到了阔别五年的昆明。他曾在这里度过了抗战的艰苦岁月，经历过反内战、要民主的斗争风雨。如今，他又回来了！以一位新中国、新生活的建设者的身份，重新踏上了这块边疆的土地！从此，在生命的最后16个春秋里，他再也没有离开过这块土地！他用满腔的热情和纯真的事业心来办好学校，他竭尽全部心血，直至最后付出生命。

20世纪50年代初的云大学生，都还记得第一次见到李校长的情景——一个秋高气爽的下午，全校同学集合起来到运动场去开会。距运动场入口处不远的地方，站着两个中年人。其中一个身着一套藏青色中山装，一副敦厚、朴实的面容。他仔细地注视着每一个经过他身旁的学生，不断地向大家点头微笑，向同学们倾注着深沉的情和爱。当同学们向他热烈鼓掌时，他也不时举手示意。同学们都从心里感到,这位新调来的李校长和蔼可亲,待人平易。

而教师们呢，有很多人是怀着一种莫测高深的心情来欢迎这位党员教授与诗人的。因为李广田刚调到学校遇上的主要任务，便是领导全校的思想改造运动。很快,大家这种莫测高深的心情就消失了。人们发现李广田能认真执行党的方针政策,对知识分子能平等相待,推心置腹,诚恳亲切,热情帮助,重才华,重团结。由于李广田热诚细致的工作和全校教师的齐心协力,云大的思想改造和教学改革搞得扎扎实实,卓有成效,从云大分出独立建院的工、农、医三个学院的院系调整工作也处理得周到妥帖。在实际接触中,大家都深感李校长具有诗人、作家和教育家的气质,交口称赞他用诗人的炽热感情办教育的精神。

的确,李广田对党的教育事业一片赤心,倾注了全部感情。他常勉励大家要向杰出的无产阶级教育家徐特立、吴玉章二老学习,要继承和发扬他们为革命育英才的献身精神。在这方面,李广田身体力行,为大家做出了榜样。他担负着繁重的行政领导工作,却不以为苦,反以为乐。大至方针政策,小至学生写作中的病句错字,他都过问操心。他严于律己,宽以待人,尊重同志,谦虚好学。他的笔记本上记有会议记录、报告传达、各系师生人数、学生情况,甚至还有学校的占地面积、食堂状况等。他到生物系的热带作物场检查工作后,还在笔记本上工整地记下了"一斤蓖麻有二百八十颗"这样的常识问题。他亲自了解大量的实际情况,无论大会作报告,还是小会发言,他都从不要秘书代笔。

尽管繁冗的行政事务占去了他不少时间和精力,但是他抓教学却抓得很紧。他经常深入课堂,听教师们讲课,倾听学生意见,参加教研室的活动,掌握教学动态的第一手情况。他经常在和同学们的简短接触交谈中,言简意深地鼓励、鞭策大家。有一次,他来到会泽院三楼听政治系的课。他悄悄走进教室,坐在最后一排,听得很仔细、很认真,边听边在笔记本上记下一些东西。下课后,他和在阳台上观赏周围景色的同学们亲切交谈，询问大家的学习和生活情况。他问:"你们是搞理论的,现在读《资本论》没有？"同学回答:"现在课程太紧了,读大部头巨著没有时间。"他便语重心长地说:"你们现在有这样好的学习机会和环境,就要抓紧时间刻苦学习。要锲而不舍,持之以恒。每天不要读得太多,一天七八页,日积月累,积少成多,时间一长就很可观了。"同学们听了都很感动。

有时，同学们喜欢清晨在大门通向会泽院的那95级台阶上比赛谁上得快，借以锻炼身体。李广田见了很高兴,勉励大家说:"是的,干什么工作,都要有一个健康的身体。希望你们加强体育锻炼,把身体练得好好的,将来好好为人民服务,成为国家栋梁之材。"他还经常教育同学们,要对祖国热爱,对党忠诚,要有远大理想和抱负,要学好为人民服务的本领。当时的不少同学就是牢记着李校长的这些谆谆教诲走上为人民服务的工作岗位的。

李广田热爱教育事业,热爱青年学生,同学们也由衷地敬爱他。1953年的最后一天,除夕晚会开始了。大课堂里张灯结彩,挂满了各色纸花彩条,五颜六色的小灯泡发出绚丽的光彩。悠扬悦耳的音乐声中,人们翩翩起舞,一片欢乐喜悦的气氛。临近零点了,李广田精神抖擞地阔步走上台去,刚站定在松柏万年青与幽香的腊梅之间,零点的钟声敲响了!李广田用铿锵有力的声音向全场宣布:"欢送1953年,迎接1954年的到来——新的一年开始了!"话音刚落,鞭炮声、锣鼓声和欢呼声汇成一阵阵巨大的声浪，仿佛要把房顶都掀起来似的。李广田走下台时,男同学们马上簇拥上去,将他架得高高的绕场一周。女同学们从四面八方将彩色纸屑向他头上、身上撒去,有节奏的掌声、欢呼声响成一片,李广田激动得热泪盈眶,嘴唇微微地颤动着。当一些教师和同学拥上前去争着与他握手贺新年时,他竟言语顿塞,再也抑制不住心中澎湃的激情,两行热泪滚了下来……这是何等崇高的荣誉啊!只有真正忠于党的教育事业的人,才配领受师生们如此发自内心的尊敬与爱戴!

1956年8月上旬,李广田到北京参加高校部分院、校长和教务长座谈会,讨论解决学生负担过重和培养独立思考、独立工作能力问题，着重研究"全面发展,因材施教",在教学中贯彻"百家争鸣"的问题。9月,审干以后,李广田光荣地当选为党的"八大"候补代表,列席了党的"八大"。他感到非常幸福,更感到一种鞭策。他看到一个十几岁的少先队员伫立在路边向"八大"车队敬礼,心中很感动,始终忘不掉这崇高的敬礼,一年后他在《寄红领巾》一诗中如此流露心声:"一年的时间已经在劳动中飞过/红领巾的光彩还在我眼前闪烁/每当我回想起这一幕景色/我就要日日夜夜地埋头工作。”这也是李广田立下的誓言。他的确也是这样做的！为了党的教育事业，他忘我地日日夜夜埋头工作着。

看着他这样全身心地扑在教育事业上，人们都说:“李校长是一个苦干实干的教育家，不像一个诗人了。”文艺界的朋友也为他没有时间搞创作表示惋惜。可是他自己却以献身教育事业为殊荣，他在1958年初写作的《教育诗》中自豪地吟道：

请不要责怪我没有创作，
我的创作很多很多，
我写下了教育诗篇，
用了我们党的教育政策。
……
我创作了这样的诗篇，
我歌唱的就是“青年”，
他们今年来了，过几年又离开，
每年每年，都翻过新写的一篇。
……
我的诗句多么嘹亮，
我的篇幅多么宽广，
我的诗不能在诗刊上发表，
因为它容不下这样的重量。

正如你们诗人一样，
我的工程也是创造灵魂，
我的任务很重，也很光荣，
我愿意以此终身。

这首诗不同凡响，洋溢其中的那种执着的献身党的无产阶级教育事业的豪迈精神，激动了众多教育工作者的心，引起了他们感情的强烈共鸣。这是一首普通的劳动之歌，也是一首唱给教育工作者的赞歌，令人鼓舞、催人奋进。实际上，李广田也正是从造就人才就是光荣的“创作”这一观点出发，而千方百计地团结了广大师生，一道来谱写这部伟大的“教育诗篇”的。在他和同志们的共同努力下，云南大学的“教育诗篇”谱写得有声有色。

1957 年，李广田被正式任命为云南大学校长。这一年，我国发展国民经济的第一个五年计划胜利完成，各地教育事业均有很大发展。在“双百”方针的鼓舞下，李广田又提笔开始写诗了。他以真实的感情和朴实的文字，先写下了《试放三首》:《一个人》《一句话》《一棵树》。《一个人》共 9 行：“真理都是朴素的/他正像真理那样朴素/有什么可以比拟的呢/像太阳，它无声而光耀大地/像空气，须臾不可离/而又表现为无形无色/他一生为了真理/从不考虑自己/他自己也就体现了最具体的真理。”这个“他”是谁，没明说，然而谁都知道。全诗文字朴实无华，表现的思想真诚纯洁，李广田用发自肺腑的至情诗句，极朴素极自然地歌颂人民的领袖。《一棵树》借大树的形象为喻，唱出了教育工作者的心声：“最幸福是硕果累累/这时候我从不感到吝惜/最羞于满身浮华而空无所有/想夸耀自己年轮的，就不要在地球上站立。”“我必须每年生长一些新东西/日日夜夜，我都渴求着血液的更替/我不知道我什么时候可以休止/因为我自己并不属于我自己。”读着这样的诗句，我们似乎听到了诗人——同时也是忠诚的教育工作者，那个坚强的美的灵魂在谦逊地、自诫式地倾诉心曲。

“渴求着血液的更替”，视“自己并不属于我自己”地忘我工作，正是李广田的突出优点。1958 年，他那严重的脊椎炎刚好一点，便满腔热忱地带领师生奔赴专县参加“大战钢铁铜”的群众运动，积极投身到教育大革命的实践中去。他身先士卒，一点不搞“特殊化”，和学生一道坐在货车厢里，与农民同吃、同住、同劳动。他深有感触地对学生说：“我们知识分子就是要和工农相结合，贯彻教育方针。过去我们肩不能挑，手不能提，现在，你们这些大学生能挑能提，能写文章，能炼钢铁，这是教育史上的创举呀！”

在实践中，李广田满怀激情地写下了许多歌唱社会主义事业的诗篇，结集为《春城集》出版，这是受到了党的鼓舞和群众冲天干劲的激励而写成的。从《汉园集》到《春城集》，中间跨越 20 多年。《春城集》标志着李广田诗歌创作的一个新阶段,引起了文艺界的广泛注意。这是李广田创作上一次新的丰收。不过,较多的诗作存在太松散、不够精练的缺点,这与时间紧、写得匆忙、诗人要求自己不够严格以及受当时流行诗风影响等因素有关。李广田还盛赞当时群众写诗赛诗的“诗街”说:“真是千古盛事,真是千古盛事!过去赛诗、联句,往往是士大夫阶级和骚人墨客的事,今天连小脚老太婆也来赛诗,我们的国家真成了诗歌的海洋了。”他也像有所领悟似的对友人李鉴尧说:“诗人,就是普通人,就是真正的人,就是劳动着的人,战斗着的人!”

后来,因为一些光明磊落的直言,在1959年的“反右倾斗争”中,李广田被错误地定为“右倾机会主义分子”,予以降职处分,由校长降为副校长,撤销党委常委,保留党委委员,并分工由他管伙食,不管教学了。1960年是国家经济困难时期,要办好伙食是很困难的,但李广田还是想尽一切办法改善生活,账目做到日清月结。他自己还到学生食堂参加一些轻微劳动,了解学生对伙食的意见。也就是这一年,高治国同志调到云大主持工作,任党委第一书记。高治国认真执行党的知识分子政策,逐渐采取了一系列调动知识分子,尤其是调动老教师积极性的措施。他放手让李广田抓教学和行政,鼓励李广田大胆工作,发挥主动性,并在各种情况下支持李广田工作。

一次,他去听中文系青年教师李从宗的“亚非文学”课。李从宗初上讲台,比较紧张。当他目光扫视台下,发现李校长坐在学生当中,更惶惑不安了,连背熟了的讲稿也开始不听支配了。李广田似乎觉察到他的慌乱,便放下笔记,摘下眼镜,向他投去亲切而镇静的目光。这目光里,有鼓励,有信任,有支持。然后又埋下头去用心做笔记,俨然是一个遵守纪律的“学生”,此情此景,令李从宗很感动,并促使他镇定下来。他尽力控制住自己,顺利地讲完了这一节课。下课后,李广田微笑着对李从宗说:“上课,首先要大胆,要镇静。既要心中有人,又要‘目中无人’,全身心地进入你讲授的内容之中,不要左顾右盼。当然,也应当锻炼自己,敢于面对自己的学生,和他们取得感情上的交流……”一席话说得李从宗茅塞顿开,第二节课他就镇定多了,紧张的情绪消除了。他甚至敢把目光对准台下,从学生眼里探询讲课的效果。他同时发现,李校长的目光里,似乎有一种掩饰不住的赞许的微笑……

1962年初，扩大的中央工作会议上，毛泽东同志对甄别错误处理的干部问题作了明确指示。中央监委看了云南省委上报的李广田的材料后提出：定为“右倾机会主义分子”的证据不足，应予纠正。于是，李广田得以平反，恢复了党委常委身份。鉴于已有正校长，故校长职务未予恢复。

甄别平反了！戴了三年的“右倾”帽子终于摘掉了！李广田心情舒畅，精神振奋。他感到党始终是信任自己的。他对共产主义事业的信念不是削弱，而是更加坚定了。他工作的劲头更大了，开始更具体更细致地抓教学。他常常深入课堂，到各系听教师讲课，听学生的课堂讨论，同学生讨论问题，参加教研室的活动。他还精心组织教学经验交流会，从出题目、审查发言稿，到主持开会，都一丝不苟。他特别重视师资培养工作，既热心又严格，亲自查看青年教师的进修计划，发现要求较松的，便找本人谈话，热情进行帮助。为了促进青年教师的外语尽快过关，他亲自出题并主持考试，被人们称之为“殿试”，传为美谈。大家都说：“李校长是用诗人的热情来办大学的。”更为可贵的是，甄别平反后，李广田一点不“翘尾巴”，总是以事业为重，质朴谦逊，不计较个人得失。在北京碰上友人臧克家，谈及此事，李广田态度温和，丝毫没有自是之感。

甄别平反，也给李广田恢复了不少文学的兴味。1962年4月，李广田一气呵成，写下了《山色》《不服老》《同龄人》《花潮》及《或人日记抄》等5篇散文，发表在《人民日报》《人民文学》等刊物上，抒发了他这个时期的舒畅心情，其中尤以《花潮》名噪一时。这个时期，党和国家正在贯彻“调整、巩固、充实、提高”的方针，全国开始出现了欣欣向荣的局面。李广田个人的问题，也得到正确解决。他感到社会主义祖国“春光似海，盛世如花”，再也抑制不住激荡的心潮，妙思泉涌。借记昆明圆通公园赏樱花的情景，纵情描绘春光，讴歌如花似锦的新生活，讴歌创造新生活的人们，充分表达了对祖国的热爱之情，表达了“不怕花落去，明年花更好”的乐观信念。《花潮》像鼓点似的敲响了时代的节拍，像颂歌似的激荡着人们革命的情操，引导着读者去领略生活的本质，去寻找生活中的美，最后将读者引向崇高的思想境界中去。《花潮》可称为李广田后期散文的代表作。

《不服老》和《同龄人》两篇散文是反映教育战线的真人真事的。为了表扬先进，树立标兵，订立“教育诗篇”的基调，李广田分别以数学系毕生从事教育工作的一位老教师和校长办公室工作了30多年的一位老工人为生活原型，真诚地表达了对同志的笃厚感情和对先进的推崇之心。这两篇散文对学校广大教职员工产生了莫大的鼓舞和不小的推动力量。

假若李广田沿着《花潮》《同龄人》等几篇散文的创作路子继续大步走下去，那么，这个时期肯定又将成为他散文创作的新的丰收期。他此时的心情舒畅达观，经历了多次磨炼之后，思想更趋成熟。他文思勃发，雄心不减。他在自己的“写作杂记”中已草拟好一个相当可观的写作计划，有的文章都拉出了详细构思的框架。可惜，繁忙的教育行政工作竟迫使他无法挥笔把这些已构思成熟的东西形成文章。如果李广田能按写作计划完成，那我们将又能读到何等朴实真挚、亲切感人的美文佳作！我国散文园地又将平添多少风姿！遗憾啊！自《花潮》等5篇散文问世之后，翘首以盼的读者就再也没有读到散发泥土芳香的李广田散文了。

从1959年起，李广田还热心于少数民族民间文学的整理与研究工作，并做出了成绩。他注意搜集了云南和贵州少数民族的一些优秀口头创作。1959年他受云南省委宣传部委托，重新整理了撒尼长诗《阿诗玛》，并写作长篇序言。在原整理本的1800余行的长诗中，李广田修改了250多处，花费了相当大的精力，付出了辛勤劳动。重新整理本出版前，他坚持不写自己的名字，出版之后，他坚持不要稿费。有关单位曾三次将稿费送到门上，他分文未取，请他们将稿费转赠给阿诗玛的故乡——路南的撒尼人民作为文化活动经费。1961年，他重新整理了傣族叙事诗《线秀》。1962年又整理了傣族民间传说《一滴蜜》。次年，为云南各民族民歌选集《金花银花献给毛主席》作序。后来，《阿诗玛》搬上银幕，李广田应邀担任电影《阿诗玛》的文学顾问。

在整理和研究民族民间文学中，李广田严肃认真，呕心沥血，讲究科学态度。他认为，整理时“不要把汉族的东西强加到少数民族的创作上，不要把知识分子的东西强加到劳动人民的创作上，不要把现代的东西强加到过去的事物上，不要用日常生活中的实际事物去代替或破坏民族民间创作中那些特殊的富有浪漫主义色彩的表现方法。”这些观点是很有见地、很有价值的。李广田身体力行，为民族民间文学的发展作出了自己的贡献。

李广田在20世纪50年代提出的这些整理民族民间文学的理论和指导原则受到国内外学术界的认同和重视，对民族民间文学领域的文学理论建设具有深远的意义，对云南文艺事业乃至全国文艺事业的发展，特别是少数民族文学的发展起到了重要的推动作用。多年后，李广田重新整理的撒尼人长诗《阿诗玛》，被评为20世纪中国“百年百种优秀中国文学图书”之一，一直成为中国民族民间文学整理工作的一个范本。

1968年11月2日，李广田辞世。终年62岁。

1978年，党和人民正式为李广田平反昭雪，恢复名誉，作出公正评价。8月28日，云南大学党委为李广田举行隆重的平反昭雪暨骨灰安放仪式。1982年5月20日，中共中央组织部正式通知李广田家属，将李广田骨灰送往八宝山革命公墓安放。

附　　录

一　李广田生平活动年表

1906 年

10 月 1 日，生于山东齐东县（后并入邹平县）码头乡小杨家村一户王姓半耕半读人家，排行第四。

1907 年（1 岁）

快满周岁时，过继给无子的舅父李汉云（家住离小杨家村 5 里地的草庙头村），改姓李，名广田。

1912 年（6 岁）

读乡村私塾。

1915 年（9 岁）

进乡村初级小学。

1918 年（12 岁）

升入高小。

1921 年（15 岁）

考入齐东县立师范讲习所。

1923 年（17 岁）

春，离毕业还有半年，便因成绩优秀被县立高等小学聘为教员。

秋，因求学心切，未经家庭同意，放弃小学教职，考入山东省立第一师范学校，成为前期师范生，开始接触五四以来的新思潮、新文学。

1924年(18岁)

按当地风俗,在父母包办下,与比自己大两岁的姑娘尹守英成亲。

1925年(19岁)

升入山东省立第一师范学校后期师范。

1926年(20岁)

加入共产主义青年团,并成为学校“书报介绍社”的骨干,与上海、北京方面联系、订购进步书刊,向同学们推荐、宣传。

1928年(22岁)

3月,因书报介绍社邮购的书籍中有托洛茨基著的《文学与革命》一书被军阀张宗昌的部下查获而逮捕入狱,判为死刑。养父卖掉家中林木也未能将他救出,在狱中关押30余日。

4月,北伐军打到济南,得以获释出狱。

9月,到鲁北陵县任小学教员一学期。

1929年(23岁)

3月,到曲阜第二师范附小当老师。

秋,考入北京大学文科预科。

1930年(24岁)

2月27日在《华北日报·副刊》发表诗歌处女作《寂寞》。

在《未名》半月刊终刊号发表散文处女作《狱前》。

1931年(25岁)

秋,升入北大英文系,攻读英、日文。

1932年(26岁)

北大英文系与法文系、德文系合并为西洋文学系。

1933年(27岁)

1月,与好友邓广铭及同乡王余侗合办同人小刊物《牧野》(旬刊),从1月至

4月共出刊12期。

1935年(29岁)

夏,从北京大学西洋文学系毕业。

7月7日,与王兰馨结婚。

婚后,夫妻一起回山东教书,李广田在济南执教于山东省立第一中学。

1936年(30岁)

3月,与本系学长卞之琳和哲学系同学何其芳的诗作合集《汉园集》由商务印书馆出版,为文学研究会创作丛书之一种,其中收李广田诗17首,名曰“行云集”。

同月,第一部散文集《画廊集》由商务印书馆出版。

11月,第二部散文集《银狐集》由文化生活出版社出版。

1937年(31岁)

抗日战争爆发,随同济南一中的几百名师生先迁至泰安继续上课。12月24日撤离泰安,流亡南下,进入河南。

1938年(32岁)

4月,到达湖北均县,与从山东流亡出来的中等学校合并为国立湖北中学。24日离开均县。

5月中旬到达郧阳。

12月1日,离郧阳经陕西赴四川,途中历时2个月。

两年流亡,一边上课,一边宣传抗战。沿途目睹了抗日救亡运动的高涨,接触了一些共产党员,思想有很大进步。他在日记中写道:“我现在似在向另一个方向转移,我是正要在另一个方面充实自己,而这切实的努力,将会给予我将来的文艺生活一大助力。”流亡中创作了散文集《圈外》。

1939年(33岁)

1月底,流亡师生抵达四川罗江县安顿下来,被编为国立六中第四分校。李广田创办并主编文艺月刊《锻冶厂》(罗江四分校校刊),从本年6月1日创刊,到1940年7月1日终刊,共出版10期。

5月，第三部散文集《雀蓑记》由文化生活出版社出版。

1940年（34岁）

2月，因在学生中传播进步思想、讲授苏俄作品和鲁迅作品被校方解聘。

1941年（35岁）

4月，经卞之琳介绍进入西南联大新设立的位于四川南部叙永县的分校任教。

秋，叙永分校撤销，迁回昆明西南联大本部任文学院中国文学系教员。以马列主义观点讲授文艺理论，与闻一多、朱自清关系密切。

1942年（36岁）

出版散文集《圈外》，后改名为《西行记》。

1943年（37岁）

升任联大教育学院国文学系专任讲师。

出版《回声》（散文集）、《欢喜团》（短篇小说集）、《诗的艺术》（诗论集）。

1944年（38岁）

5月，被增补为昆明文艺界抗敌协会理事。

出版《灌木集》（散文选集）。

1945年（39岁）

12月，昆明发生"一二·一"惨案，怀着革命激情和义愤，投身于民主革命运动的洪流，参加路祭、游行等抗议活动，写下了揭露和讽刺国民党法西斯暴行的诗文。

1946年（40岁）

7月，李公朴、闻一多先后遇害。他在黑暗中更加警醒感奋起来，决心踏着烈士血迹前进。

8月中旬，携家眷北上，到天津南开大学任教，在"反饥饿、反内战"运动中，站在进步学生一边，慰问被特务打伤的学生，发表斥责国民党法西斯暴行的演说。

挥起战斗的笔，指向黑暗、落后、腐败的反动势力，受到国民党反动当局的通缉。

出版短篇小说集《金坛子》。

1947年（41岁）

秋，经朱自清邀请，转至清华大学中文系任教。

1948年（42岁）

8月，加入中国共产党，任清华大学中文系主任。

出版长篇小说《引力》、散文集《日边随笔》、文艺论著《创作论》。

1949年（43岁）

被选为校务委员，团结教职员工，为迎接北京解放，做了卓有成效的工作。

7月，出席全国第一次文代会，当选为大会主席团成员、全国文联委员、文协理事。

出版文艺论著《文艺书简》。

1950年（44岁）

6月，参加第一次全国高等教育工作会议。

7月，出席北京市文艺工作者代表大会。

11月底，担任清华大学副教务长，分管留学生工作和文科教学、科研工作。

编选《闻一多选集》《朱自清选集》并写作序言。

1951年（45岁）

1月初，应邀开始参加中央文学研究所的筹备工作并讲课。

为北京市培训中学师资举办讲座讲课。

1952年（46岁）

秋，全国高等学校院系调整，被任命为云南大学副校长，任命书由中央人民政府毛泽东主席亲自签发。到云南后，兼任云南省作家协会副主席、中国科学院云南分院文学研究所所长等职。

1956年（50岁）

9月，当选中国共产党第八次全国代表大会候补代表，列席党的“八大”。

出版《散文三十篇》。

1957 年（51 岁 x）

被任命为云南大学校长。

1958 年（52 岁）

出版诗集《春城集》。

1959 年（53 岁）

因对大跃进和教育革命中的一些问题仗义执言，在“反右倾斗争”中，被错误地定为“右倾机会主义分子”，予以降职处分，由校长降为副校长，撤销党委常委，保留党委委员，并分管伙食。

受云南省委宣传部委托，重新整理了彝族支系撒尼人的长篇叙事诗《阿诗玛》并写作长篇序言。

1962 年（56 岁）

年初，“右倾机会主义分子”的问题得到平反，恢复学校党委常委职务。

4 月，发表《花潮》《山色》《或人日记抄》《不服老》《同龄人》等 5 篇散文。整理了傣族传说《一滴蜜》。

1963 年（57 岁）

为云南少数民族诗集《金花银花献给毛主席》作序。

1964 年（58 岁）

《阿诗玛》被上海电影制片厂改编为我国第一部宽银幕音乐舞蹈片，应邀担任电影《阿诗玛》的文学顾问。

年底，带领中文、历史两系师生到大理参加“社会主义教育运动”。

1968 年（62 岁）

11 月 2 日，含冤辞世。

1978 年

8 月 28 日，云南大学为李广田隆重举行平反昭雪暨骨灰安放仪式。

1982 年

5 月 20 日，中共中央组织部正式通知李广田家属，将李广田骨灰送往北京八宝山革命公墓安放。

二　李广田主要论著目录

《汉园集》(诗集),与何其芳、卞之琳合集,1936,商务印书馆

《画廊集》(散文集),1936,商务印书馆

《银狐集》(散文集),1936,文化生活出版社

《雀蓑集》(散文集),1939,文化生活出版社

《圈外》(散文集),1942,重庆国民图书出版社

《回声》(散文集),1943,桂林春潮社

《欢喜团》(短篇小说集),1943,桂林工作社

《诗的艺术》(文艺批评集),1943,开明书店

《灌木集》(散文选集),1944,开明书店

《金坛子》(短篇小说集),1946,文化生活出版社

《引力》(长篇小说),1948,上海晨光出版公司

《文学枝叶》(文学评论集),1948,益智出版社

《日边随笔》(散文集),1948,文化生活出版社

《创作论》(评论集),1948,开明书店

《文艺书简》(评论集),1949,开明书店

《西行记》(散文集),1949,文化工作社

《论文学教育》(评论集),1950,文化工作社

《散文三十篇》(散文集),1956,作家出版社

《春城集》(诗集),1958,作家出版社

《阿诗玛》(彝族撒尼人叙事长诗)(整理本),1960,云南人民出版社

《线秀》(傣族民间叙事长诗)(整理本),1964,云南人民出版社

《李广田选集》(诗、文集),1978,香港文学研究社

《李广田散文选》(散文集),1980,云南人民出版社

《银狐集》(散文集),1981,广东人民出版社

《李广田散文选集》(散文集),1982,百花文艺出版社

《李广田诗选》,1982,云南人民出版社

《文学论》(文艺理论集),1982,香港昭明出版社有限公司

《李广田文集》(1-5卷),1986,山东文艺出版社

《李广田文学评论选》,1983,云南人民出版社

《中国现代作家选集·李广田》,1984,人民文学出版社、三联书店香港分店联合出版

《李广田代表作》,1987,黄河文艺出版社

《李广田散文选》英文版,1982,《中国文学》杂志社

《中国现当代著名作家文库·李广田代表作》,1987,黄河文艺出版社

《中国现代散文名家名作原版库·画廊集》(散文集),1993,中国文联出版公司

《二十世纪中国文化名人文库·李广田散文》(三卷本),1994,中国广播电视出版社

《中国现代小品经典·灌木集》(散文集),1994,河北教育出版社

《典藏开明书店版名家散文系列·灌木集》(散文集),1995,中国青年出版社

《中国现代文学百家·李广田》,1997,华夏出版社

《二十世纪中国著名作家散文经典·花潮》(散文集),1999,吉林摄影出版社

《二十世纪中国文化名人文库·画廊集》(散文集),2001,人民文学出版社

参考文献

[1]李广田.李广田文集[M].济南:山东文艺出版社,1986.

[2]张维.李广田传[M].昆明:云南大学出版社,1990.

[3]李岫.岁月、命运、人——李广田传[M].北京:人民文学出版社,2006.

[4]卢云伍,吴松.地之子　教育诗——李广田百年诞辰纪念文集[M].昆明:云南大学出版社,2006.

[5]张维.李广田的民族民间文学整理观及实践[J].思想战线,1991(6).